KB265106

The English Patient

잉글리시 페이션트 | The English Patient

2006년 04월 26일 초판 1쇄
2009년 07월 21일 초판 2쇄

번역 · 해설 | 이형식
펴낸이 | 조치영
기획 | 강찬구
마케팅 | 손정선
디자인 | 윤정미, 김삼현
인쇄 | 삼성인쇄사
펴낸곳 | 스크린영어사

서울특별시 관악구 대학동 1514번지
TEL | (02)887-8416
FAX | (02)887-8591
http://www.screenplay.co.kr

등록일자 | 1997년 7월 9일
등록번호 | 제16-1495

책값 17,500원
ISBN 978-89-87915-71-9

* 잘못 만들어진 책은 구입하신 서점에서 교환해드립니다.

The English Patient

머리말

초등학생들의 조기 유학 건수가 나날이 크게 증가하고 있다. 이처럼 조기 유학이 늘어나는 것은 한국의 열악한 교육환경과 치열한 경쟁을 피하여 선진국의 우수한 교육제도 속에서 공부하려는 데에도 그 이유가 있겠지만 이들의 가장 큰 목표 중 하나는 무엇보다도 우수한 영어실력의 확보일 것이다. 기러기 아빠 생활을 하고 가족이 떨어지는 아픔을 겪으면서도 그 고생을 기꺼이 감내하는 것은 무한경쟁의 글로벌화 된 사회에서 우수한 영어실력을 자식이 갖추기를 바라는 열망에서 비롯된다. 요즘에는 외국에 가지 않고도 외국과 같은 환경을 조성하여 그곳에서 영어를 학습하게 하는 영어 마을들을 각 지방 자치단체별로 설립하는 붐이 일고 있다.

외국에 나가거나 영어 마을에 들어가는 것의 가장 큰 이점은 영어 환경에 자신을 노출시킨다는 점일 것이다. 하루 종일 영어를 듣고, 말하고, 쓰고, 읽는 행위를 할 수 밖에 없는 상황에 처하게 되면 영어 학습의 효과가 커질 것이라는 가정하에서 어학 연수를 가고 영어 마을에 등록하는 것이다.

그러나 굳이 외국에 가지 않더라도 자신이 좋아하는 방법으로 이러한 영어 환경에 자신을 노출시킴으로써 영어 실력을 향상할 수 있는 길이 있다. 노래를 좋아하는 사람은 자신이 좋아하는 가수의 노래를 반복해서 듣고, 가사의 의미를 이해하고, 노래를 따라부름으로써 자연스럽게 영어를 향상시킬 수 있다. 날 때부터 영상언어를 하루 종일 접하며 살아 온 신세대들에게는 영화 매체 또한 영어를 가까이 접할 수 있는 유용한 도구이다. 요즘 젊은 층의 영화 관람 회수가 한 달에 1, 2회에서 많게는 10회 이상이 되는 것은 비단 극장에 가지 않아도 비디오나 DVD, 그리고 인터넷을 통해 영화를 편리하게 볼 수 있는 환경이 조성되었기 때문이다.

영화는 수많은 실제 상황을 포함하고 있기 때문에 회화책에서 영어를 공부하기 위해 인위적으로 작성한 대화와는 다른 생생한 대사들을 담고 있다. 또 그 대사들은 유명한 시나리오 작가들이 수많은 검토와 개작과정을 통해 각 상황에서의 등장인물의 감정을 최대한 잘 전달하도록 쓴 것이다. 사람은 자신이 좋아하는 일은 아무리 반복해도 질리지 않으며, 누가 시키지 않아도 재미있기 때문에 기꺼이 그 일을 한다. 우리에게는 자신이 좋아하는 영화를 반복해서 본 경험이 있으며, 자꾸 반복해서 보면서도 그것이 지루하거나 싫증이 나지 않고 오히려 볼 때마다 새로운 묘미를 맛본 경험이 있다. 이러한 메커니즘을 영화 영어 공부에 적용한다면 무엇보다도 효과적인 영어 공부의 매력에 빠질 수 있을 것이다.

특히 이 책은 각 장면의 대사 뿐 아니라 그 대사에 대한 자세한 해설, 그리고 반드시 암기해 두면 유용하게 사용할 수 있는 표현, 그리고 문화적인 배경까지 남고 있어서 영화 한 편에 담겨 있는 영어를 완전히 섭렵하는데 좋은 길잡이가 될 것이다. 독자들이 영화를 통해 영어뿐만 아니라 영화에 담겨 있는 주제와 의미, 그리고 문화적인 지식까지도 얻을 수 있는 계기가 되기를 바란다.

필자가 너무나도 좋아하는 영화인지라 주석을 달고 해설을 하기 위해 영화를 반복해 보면서도 처음 볼 때의 가슴 찡함과 감동이 매번 밀려왔다. 좋은 영화를 가지고 작업할 수 있게 해주신 스크린영어사의 조치영 사장님, 그리고 책의 완성도를 위해 꼼꼼하게 세세한 부분까지 지적해주신 윤정미 선생님께 감사드린다.

이 형 식

Contents

콜론(:)의 용법

한국어에는 거의 없는 용법이지만 영어에서는 많이 사용되는 아주 중요한 용법이니 잘 알아두자.

1. 콜론 앞은 붙이고 (한 칸 띄우면 안 됨) 콜론 뒤는 반드시 한 칸 띄워야 한다.

2. 보통 3개 이상을 나열할(list) 때 콜론을 사용한다.

3. 콜론 앞의 문장이 완벽한 문장(complete sentence)이어야 한다.

    (1) 콜론 앞이 명사로 끝나거나

    (2) 콜론 앞이 the following 또는 as follows로 끝나야 한다.

4. 나열되는 명사들은 콤마(,) 또는 세미콜론(;)으로 구분해준다.

    예: I have three favorite actors: Paul Newman, Woody Allen, and Harrison Ford.

       We took the following: a tent; two sleeping bags; and a lantern.

- 일러두기

  본 책에서는 등장인물과 대사의 확실한 구분과 효과적인 내용 전달을 위해
  등장인물 다음에 공간을 띄우고 콜론을 사용하였다.

| Chapter 01 | Death of the Beloved

사랑하는 자들의 죽음

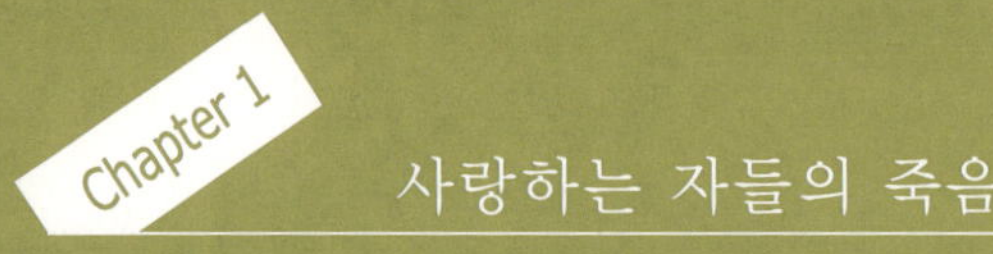

사랑하는 자들의 죽음

Death of the Beloved

1. EXT. THE SAHARA DESERT. LATE 1942. DAY
Silence. The desert seen from the air. An ocean of dunes for mile after mile. An old aeroplane is flying over the Sahara. Inside the aeroplane are two figures. One, a woman, seems to be asleep. Her pale head rests against the side of the cockpit. The pilot, a man, wears goggles and a leather helmet. Shocking bursts of gun from beneath. The fuel tank above their heads is punctured. It sprays them both, then explodes.

2. INT. TRAIN. ITALY 1944. BEFORE DAWN
Hana walks through a long carriage on a hospital train in 1944 which ploughs through the night carrying the wounded back to Naples. She stops at the bunk of a new patient. Hana bends to the boy. She speaks softly to him.

HANA : How are you?

BOY : Okay.

HANA : Your leg will be fine. A lot of shrapnel came out.... I saved you the pieces.

BOY : You're the prettiest girl I've ever seen.

HANA : I don't think so. Here.

BOY : Would you kiss me?

1. 1942년 후반. 낮. 사하라 사막. 외부

침묵. 하늘에서 본 사막의 모습. 끝없이 펼쳐진 모래 언덕들. 낡은 비행기가 사하라 상공을 날고 있다. 비행기 안에 두 명이 타고 있다. 그 중 한 명인 여자는 잠든 것처럼 보인다. 그녀의 창백한 머리가 조종석 옆에 기대어 있다. 조종사인 남자는 보안경과 가죽 헬멧을 쓰고 있다. 지상에서 방공포가 발사된다. 머리 위에서 연료 탱크가 터진다. 그들에게 기름이 뿌려지고 폭발하다

2. 1944년. 새벽 직전. 이탈리아. 기차. 내부

한나는 밤에 부상자를 싣고 나폴리로 가는 호송기차의 긴 열차칸을 줄곧 걷고 있다. 그녀는 새로 온 환자의 침대에서 멈춘다. 어린 병사에게 고개를 숙이고 부드럽게 말을 건다.

한 나 : 어때요?

소 년 : 좋아요.

한 나 : 다리는 괜찮아 질 거예요. 파편이 많이 나왔어요. 보여 주려고 남겨 뒀어요.

소 년 : 당신은 내가 본 중에 제일 예쁜 여자예요.

한 나 : 아닐 걸요. 여기요.

소 년 : 키스해 줄래요?

■an ocean of
많은, 무한한.

■dunes
모래 언덕, 사구(砂丘).

■rest against
기내나.

■puncture
구멍을 내다.

■shrapnel
유산탄의 파편.

■You're the prettiest girl I've ever seen.
당신은 내가 본 중에 제일 예쁜 여자예요.
최상급 다음에 현재 완료. '~한 중에 가장 ~하다'라는 뜻.
ex) It's the most interesting movie I've ever seen.
내가 본 것들 중에 가장 재미있는 영화야.

HANA	: No, I'll get you some tea.
BOY	: It would mean such a lot to me.
HANA	: Would it?

She kisses him, very softly, on the lips.

| BOY | : Thank you. |

He closes his eyes. He is almost instantly asleep. Hana smiles, continues along the compartment. Voices call out.

INJURED MAN 1	: Nurse... I can't sleep.
INJURED MAN 2	: Would you kiss me?
HANA	: Oh.
INJURED MAN 3	: You're so pretty!
INJURED MAN 4	: Will you tuck me in, please?
HANA	: Very funny. Go to sleep, now.

She gets into a corridor. Mary is coming the other way. She carries a blood-soaked bundle. Hana questions her appalled expression.

HANA	: Where's the doctor?
MARY	: Don't ask.

3. EXT. THE DESERT. 1942. DAY
The pilot has been rescued by Bedouin tribesmen. The pilot is charred. His helmet has melted into his head. He's oblivious to this, cares only about the woman who crashed with him. He twists frantically to find her. Two men pick him up and carry him across to a litter where they carefully wrap him in blankets.

한 나 : 아뇨, 차나 갖다 줄게요.
소 년 : 그건 내게 큰 의미가 될 거예요.
한 나 : 그래요?

그녀는 소년의 입술에 아주 부드럽게 키스한다.

소 년 : 고마워요.

그는 눈을 감고 곧장 잠이 든다. 한나는 미소를 지으며 계속 열차칸을 걸어간다. 군인들이 소리를 지른다.

환 자 1 : 간호사… 잠이 안 와요.
환 자 2 : 키스해 줄래요?
한 나 : 아.
환 자 3 : 당신은 너무 예뻐요.
환 자 4 : 담요 좀 꼭 덮어 줄래요?
한 나 : 재밌네요. 잠이나 자요.

복도에 나간다. 메리가 맞은편에서 오고 있다. 피묻은 뭉치를 들고 있다. 한나는 끔찍한 표정에 대해 묻는다.

한 나 : 의사는 어딨어?
메 리 : 묻지 마.

3. 1942년. 낮. 사막. 외부

조종사는 베두인족 사람들에게 구출되었다. 그는 화상을 입었다. 그의 헬멧이 머리에 녹아 들어갔다. 그는 이것을 아랑곳하지 않고 같이 추락한 여자에 대해서만 신경을 쓴다. 그는 그녀를 찾기 위해 미친 듯이 몸을 비튼다. 두 남자가 그를 들어 들것으로 옮긴 후 조심스럽게 담요로 감싼다.

■I'll get you some tea.
차를 갖다 줄게.
• get + someone + something
누군가에게 무엇을 갖다 주다.

■compartment
칸, 구획, 칸막이 객실, 침대칸.

■tuck me in
"tuck ~ in"은 잠자기 전에 담요를 덮어
주고 다독거리는 것을 의미한다.

■blood-soaked
피에 젖은.

■Bedouin
아라비아, 중근동, 북아프리카에 사는 아
랍계 유목민.

■litter
환자들을 나르는 들것.

It would mean such a lot to me.
내게 큰 의미가 될 거예요.
cf) You mean everything to me.
당신은 내게 전부예요.
It means nothing to me.
그건 내게 아무 의미가 없어요.

It would mean such a lot to me.

내게 큰 의미가 될 거예요.

4. EXT. THE DESERT. DUSK

The pilot is being carried across the desert. A mask covers his face. His view of the world is through the slats of reed. He glimpses camels, fierce low sun, the men who carry him.

5. INT. BASE CAMP. NIGHT

MARY : God, I hate giving blood. Can't stand needles.

WOUNDED SOLDIER : Is there anybody from Picton?

DOCTOR : Picton? I don't know.

WOUNDED SOLDIER : I'd like to see somebody from home before I go.

DOCTOR : Do we have anybody from Picton?

MARY : Why Picton?

DOCTOR : He's from there. Edge of Lake Ontario, right, soldier?

MARY : That's where your sweetie's from, isn't it? Around there?

HANA : Ask him what company he's with.

WOUNDED SOLDIER : Third Canadian Fusiliers.

DOCTOR : Third Canadian Fusiliers.

HANA : Does he know Captain McGan?

WOUNDED SOLDIER : He bought it yesterday. Shot to bits.

HANA : What did he say?

DOCTOR : Doesn't know him.

Shell whistles, explodes.

DOCTOR : Hana, get down!

Hana is sobbing.

4. 황혼. 사막. 외부

조종사는 사막을 가로질러 이송되고 있다. 그의 얼굴에 마스크가 덮여 있다. 그는 갈대의 조각을 통해서만 세상을 본다. 낙타, 뜨거운 태양, 자신을 이송하는 남자들이 보인다.

5. 밤. 베이스 캠프. 내부

메 리	: 헌혈은 정말 싫어. 바늘을 견딜 수 없어.
부상병	: 누구 픽톤 출신 있어요?
의 사	: 픽톤? 모르겠는데.
부상병	: 죽기 전에 고향 사람을 보고 싶어요.
의 사	: 누구 픽톤 출신 있나?
메 리	: 픽톤은 왜요?
의 사	: 거기 출신이래. 이봐, 거기가 온타리오 호 옆이지?
메 리	: 자기 애인 고향 아냐? 그 근처 아냐?
한 나	: 어느 중대 소속인지 물어봐요.
부상병	: 캐나다 사격 3중대요.
의 사	: 캐나다 사격 3중대래.
한 나	: 맥간 대위를 안대요?
부상병	: 어제 전사했어요. 산산조각 났어요.
한 나	: 뭐래요?
의 사	: 모른대.

폭탄이 날아오는 소리가 들리고 터진다.

의 사	: 한나, 엎드려!

한나가 울부짖는다.

■ Can't stand needles.
바늘을 견딜 수 없어.
· stand
참다, 견디다.

■ ~, right?
구어체의 말투에서 상대방에게 확인을 하는 의도로 물을 때 많이 사용한다. 부가의문문에서 뒤에 붙이는 것과 같은 의미이다.
ex) You were his student, right?
당신은 그의 제자였죠?

■ sweetie
애인.
= sweetheart

■ company
중대.
cf) squad 분대, platoon 소대,
battalion 대대, regiment 연대.

■ He bought it.
buy는 영국식 속어로 '피살당하다'의 뜻.

■ Shot to bits.
'포격으로 산산조각이 되다'라는 뜻(이때의 to는 결과를 나타낸다).
= He was shot to bits.
ex) He was frozen to death.
그는 얼어 죽었다.

Is there anybody from Picton?
픽톤 출신 있어요?
· be from
~출신이다.
ex) Where are you from?
어디 출신이에요?
I'm from New York.
뉴욕 출신입니다.

Is there anybody from Picton?

픽톤 출신 있어요?

HANA	: He's dead. He's dead. He's dead.
DOCTOR	: No.

6. EXT. BEACH CABIN. ITALY. DAY. OCTOBER. 1944

OFFICER	: Name, rank, serial number?
PATIENT	: No, sorry. I think I was a pilot. I was found in the wreckage of a plane at the beginning of the war.
OFFICER	: Can you remember where you were born?
PATIENT	: Am I being interrogated? You should be trying to trick me, make me speak German. Which I can, by the way.
OFFICER	: Why? Are you German?
PATIENT	: No.
OFFICER	: How do you know you're not German if you don't remember anything?
PATIENT	: Might... might I have a sip of water?

Hana pours him a glass of water. He notices her. He sips.

PATIENT	: Thank you.
HANA	: It's okay.
PATIENT	: I remember lots of things. I remember her garden, plunging down to the sea. Nothing between you and France.
OFFICER	: This was your garden?
PATIENT	: Or my wife's.

한 나 : 그 사람이 죽었대요. 그 이가… 그 이가 죽었
다니…….
의 사 : 아닐 거야.

6. 1944년 10월. 낮. 이탈리아. 해변가 오두막. 외부

장 교 : 이름, 계급, 군번은?
환 자 : 몰라요. 미안해요. 나는 조종사였던 것 같아
요. 전쟁이 시작할 때 비행기 잔해 속에서 발
견되었으니까.
장 교 : 어디서 태어났는지 기억나요?
환 자 : 지금 나를 심문하는 거요? 속임수를 써서 내가
독일어를 말하도록 하려는 것 같군요. 그런데
나 독일어 할 줄 알아요.
장 교 : 왜요? 당신 독일인이오?
환 자 : 아뇨.
장 교 : 기억이 안 난다면서 어떻게 당신이 독일인이
아닌 줄 알죠?
환 자 : 물… 물 좀 주시겠소?

한나가 물컵을 그의 입에 가져다 준다. 그가 그녀를 바라보며, 물을 마신다.

환 자 : 고맙소.
한 나 : 괜찮아요.
환 자 : 많은 것이 기억나요. 그녀의 정원, 바다로 뚝
떨어지는 정원이 기억나요. 거기서 프랑스까
지는 아무 것도 없죠.
장 교 : 그게 당신 정원이었소?
환 자 : 아니면 내 아내의 정원일 거예요.

■ serial number
군번.

■ interrogate
심문하다.

■ Which
선행사는 앞 문장의 German이다.

■ by the way
그런데.
말을 진행하다가 갑자기 다른 화제를 말
할 때 사용하는 표현.

■ plunging
"plunge"는 '뛰어들다'라는 의미이지만
산길이나 지형이 갑자기 내리막이 되는
것을 의미하기도 한다.

Might I have a sip of water?
물 한잔 줄래요?
• sip
홀짝 들이키는 정도의 소량의 물.
• 상대방에게 부탁하는 표현
Could I ask you to give me some
water?
Would you mind giving me some
water?

Might I have a sip of water?

물 한잔 줄래요?

OFFICER   : You were married then?

PATIENT   : I think so. Although I believe that to be true of a number of Germans. Look. (makes a small gap with his fingers) I have this much lung. The rest of my organs are packing up. What could it possibly matter if I'm a Tutankhamen? I'm a bit of... toast, my friend. Sorry I can't help you.

7. INT. RED CROSS TRUCK. DAY

Hana sits in a truck full of patients. Hana pays special care to the patient lying in the stretcher alongside her. This is the pilot now known as "The English patient." A web of scars covers the patient's face and body. He coughs violently as the trucks shudders along the road.

HANA   : Are you all right? I know you hate to be moved. I'm sorry.

8. EXT. ITALIAN HILL ROAD. DAY

A jeep pulls out of the line and approaches the Red Cross truck containing Hana and the patient. The horn blows and Hana looks out to see it contains her best friend, Jan. Two young soldiers sit up front, one driving, both grinning. Jan signals for Hana's attention.

JAN   : Hana!

HANA   : Jan?

JAN   : Hana! There's meant to be lace in the next village. The boys are gonna take me. (mischievously) You don't have any money, do ya?

HANA   : No.

JAN   : Just in case there's a sale.

장 교 : 그렇다면 결혼을 했었나요?

환 자 : 그런 것 같소. 그런데 그건 많은 독일인에게도 해당될 테지만. 이봐요. (손가락으로 작은 틈을 만들면서) 이제 내 폐는 이 정도 밖에 없어요. 나머지 장기들은 기능을 잃어가고 있소. 그러니 내가 투탕카멘이라 한들 그게 뭐가 그리 중요하겠소? 나는 토스트와도 같은 신세요. 도와주지 못해 미안해요.

7. 낮. 적십자 트럭. 내부

한나는 환자로 가득 찬 트럭에 앉아 있다. 그녀는 옆의 들것에 누워있는 환자에 특히 신경을 쓴다. 그는 이제 '영국인 환자'로 알려진 조종사이다. 흉터가 환자의 얼굴과 몸을 그물처럼 덮고 있다. 트럭이 길을 따라 털털거리며 갈 때 그는 격렬하게 기침을 한다.

한 나 : 괜찮아요? 이동하는 걸 싫어하는 거 알아요. 미안해요.

8. 낮. 이탈리아 언덕 길. 외부

지프치기 대열에서 이탈하여 한나와 환자가 탄 적십자 트럭에 접근한다. 경적이 울리자 한나가 내다보고 거기에 단짝 친구 잰이 타고 있음을 본다. 두 명의 젊은 군인이 앞에 타고 있는데 한 사람은 운전을 하고 있고 둘 다 웃고 있다. 잰이 한나의 주의를 끌려고 신호를 한다.

잰   : 한나!

한 나 : 잰?

잰   : 한나! 다음 마을에 레이스가 있대. 군인들이 날 데려다 줄 거야. (장난스럽게) 돈 가진 거 없어?

한 나 : 없어.

잰   : 혹시 세일이 있을까 봐 그래.

■ be true of
~에 해당되다, ~에 맞는 말이다.

■ pack up
짐을 싸고 있다.

■ Tutankhamen
투탕카멘.
기원전 14세기 이집트 제18왕조의 12대 왕.
환자가 자신의 몸이 불타버려 거의 미라가 된 처지를 냉소적으로 표현한 것이다.

■ just in case
혹시 ~하는 경우에.
어떤 일이 있을 막연한 가능성에 대비할 때 사용하는 표현.
ex) Just in case anyone was following me, I made an elaborate detour.
혹시 누가 따라올 것을 대비해서 교묘하게 우회를 했다.
Just in case there's a sale.
혹시 세일을 할까 봐 그래.

Sorry I can't help you.
도움이 되지 못해 미안해요.
sorry 다음에 명사절이 올 수도 있지만 about, for가 올 수도 있다.
ex) Extremely sorry about that.
그 점은 정말 미안해.
I'm sorry about what's happened.
그런 일이 있어서 미안해.

Sorry I can't help you.

도움이 되지 못해 미안해요.

HANA	: No.
JAN	: Hana, I know you do! Come on.
HANA	: No!
JAN	: Oh, come on. I swear to God, this'll be the last time. I swear. She's a softie. She loves me.

Hana leans under the tarpaulin, holding some dollars. The two hands—hers and Jan's—reach for each other as the vehicles bump along side by side. They laugh at the effort. Jan's gold bracelet catches the sun and glints.

JAN	: I'll pay you back! I promise!
HANA	: (laughing) I'm not sewing anything else for you!
JAN	: I love you! Whoa! Pienza, boys!

The jeep accelerates away. Hana sighs to the patient.
Suddenly an explosion shatters the calm as the jeep runs over a mine. The jeep is thrown into the air.

A SOLDIER	: Get some water over here!

The convoy halts and there's chaos as soldiers run back pulling people out of the vehicles.

HANA	: Jan! Oh, no.

Hana runs towards the accident, until she is prevented from passing by a soldier.

SOLDIER 1	: Hana, where're you going?
SOLDIER 2	: Stay back!
SOLDIER 1	: Stop, Hana!
SOLDIER 2	: Stay!

한 나　：없어.

잰　　：한나, 돈 있는 거 알아. 제발.

한 나　：안 돼.

잰　　：오, 얼른. 하나님께 맹세할게. 맹세코 이번이
　　　　마지막이야. 쟤는 마음이 약해요. 나를 좋아
　　　　하거든요.

한나는 돈을 들고 방수포 밑에 몸을 숙인다. 차량이 덜컹거리는 가운데 한나의 손과 잰의 손이 서로를 향해 뻗는다. 애쓰면서 그들은 웃는다. 잰의 금팔찌가 햇빛을 받아 반짝인다.

잰　　：갚을 게. 약속해!

한 나　：(웃으며) 내가 너를 위해 뭘 꿰매주나 봐라.

잰　　：사랑해. 와우! 피엔자로 가요. 여러분!

지프차가 속력을 내서 달려간다. 한나는 환자를 보고 한숨을 쉰다. 지프차가 지뢰를 밟으면서 폭발음이 정적을 깬다. 지프차는 공중으로 날아간다.

어떤 병사　：여기 물 좀 갖다 줘요!

호송대가 멈추고 군인들이 차에서 사람들을 끌어내기 위해 달려가면서 아수라장이 벌어진다.

한 나　：잰! 오… 안 돼!

한나가 사고현장으로 달려가다가 군인의 제지를 받는다.

병 사1　：어디 가는 거야?

병 사2　：물러서요.

병 사1　：한나, 멈춰요!

병 사2　：거기 서요!

■I swear to God.
"하나님께 맹세코"라는 뜻, 정말이야.

■softie
마음이 약한 사람.

■bump along
(차가) 덜컹덜컹 소리내며 나아가다.

■bracelet
팔찌.
　• anklet
　　발목에 차는 장식.

■shatter
산산이 부수다.

■run over
(차가) ~를 치다.

■Stay back!
뒤로 물러서요.

I'll pay you back!
(금방) 갚을 게.
　• pay back
　　남의 친절이나 은혜에 보답한다는
　　뜻이지만 '앙갚음을 하다', '복수하
　　다'는 뜻도 있다.
　ex) I wanted to pay him back for his
　　　kindness.
　　　나는 그의 친절에 보답하고 싶었다.
　　　Someday I'll pay you back for
　　　this!
　　　언젠가는 이 빚을 갚아 줄 테다.

I'll pay you back!

(금방) 갚을 게.

Hana is crying.

HANA   : No! No!

9. EXT. ITALIAN HILL ROAD. LATER
Kip, the Sikh lieutenant, and Hardy, his sergeant, explore the road ahead of the becalmed convoy, using saucer-like metal detectors and headsets. Suddenly, A pair of feet walks across his vision as Hana hurries past, walking carelessly up the road.

KIP   : Hey! Hey!

HARDY   : Don't move! Don't move! Don't move! Stand absolutely still! You're walking in a mine field!

Hana stops. Hardy gingerly follows her footsteps.

HARDY   : Good. That's good. Just stay still for me... and we'll be fine.

He arrives at Hana. Then grabs her.

HARDY   : What are you doing?! What the bloody hell do you think you're doing?

By way of an answer she looks at the ground ahead of her feet. Jan's bracelet lies in the mud.

HANA   : It's Jan's.

Hardy bends down and collects the mangled bracelet, presses it into Hana's hands.

한나가 운다.

한 나 　: 안 돼! 안 돼!

9. 얼마 후. 이탈리아 언덕길. 외부

시크교도 중위인 킵과 그의 하사관 하디가 접시모양의 금속 탐지기와 헤드셋을 사용하여 호송대열 전방의 길을 탐색한다. 갑자기 그의 시야에 사람의 발이 가로질러 걸어가는 것이 보이는데 알고 보니 한나가 조심성 없이 길을 걸어가고 있다.

킵 　: 이봐요! 거기서요!

하 디 　: 움직이지 말아요! 꼼짝 말아요! 절대로 움직이지 마요! 지금 지뢰밭을 걷고 있어요!

한나가 걸음을 멈춘다. 하디가 조심스럽게 그녀의 발자국을 따라간다.

하 디 　: 좋아요, 좋아요. 가만 있어요. 괜찮을 거예요.

한나에게 도착한다. 그리고 그녀를 붙잡는다.

하 디 　: 뭐 하는 짓이오? 도대체 지금 뭐하는 거요?

대답으로 그녀는 발 앞의 땅바닥을 바라본다. 잰의 팔찌가 진흙에 놓여 있다.

한 나 　: 잰의 것이에요.

하디가 몸을 숙여 부서진 팔찌를 주워 한나의 손에 쥐어준다.

■ the Sikh
시크교도.

■ becalmed
바람이 없어서 배가 항해를 중단하는 것을 묘사하는 단어이지만 여기서는 사고로 행렬이 멈춘 것을 말한다.

■ metal detector
금속 탐지기.

■ Stand absolutely still!
꼼짝 말고 있어요!

■ mine field
지뢰밭.

■ bloody
강조하기 위해 앞에 붙이는 영국식 표현. what the hell에다 첨가해 한층 더 강조의 뜻을 나타낸다.

We'll be fine.
괜찮을 거야.
걱정할 만한 일이 생겼을 때 위로하는 말.
= It'll all turn out fine.
It's all going to be OK.
Things will work out fine.

We'll be fine.

괜찮을 거야.

10. EXT. CONVOY SITE. ITALY. DUSK

The convoy is making a pitstop. The trucks are silhouetted in a line. Hana helps lift the patient's stretcher onto the ground. She bends to him.

HANA   : Are you in pain? Do you need something?

PATIENT : Yes!

HANA   : Okay.

The patient nods. Hana gets up to prepare morphine injection from a small kit. Mary arrives. Touches Hana gently, conscious of her grief for Jan's death.

MARY   : Are you okay? You and Jan were....

HANA   : We keep moving him in and out of the truck.

MARY   : Why?

HANA   : He's dying. What's the point?

MARY   : We can hardly leave him. Do you mean leave him?

HANA   : No, no. I don't mean leave him.

Hana has settled down beside the patient's stretcher.

HANA   : This will help you.

She draws herself up against the night. On the hill above, she can see the outline of a small monastery in the moonlight. She's crying, her face a frozen mask.

HANA   : I must be a curse. Anybody who loves me... (sighs) anybody who gets close to me.... Oh, I must be cursed. Which is it?

10. 황혼. 이탈리아. 호송대. 외부

호송대는 휴식을 위해 정차를 하고 있다. 트럭의 모습이 실루엣으로 보인다. 한나는 환자의 들것을 땅에 내려놓는 것을 돕는다. 그에게 몸을 기울인다.

한 나   : 아파요? 뭘 좀 줄까요?

환 자   : 줘요.

한 나   : 알았어요.

환자가 고개를 끄덕인다. 한나는 작은 상자에서 모르핀을 준비하려고 일어선다. 메리가 온다. 잰의 죽음으로 인해 한나가 슬퍼하는 것을 알고 그녀를 부드럽게 만진다.

메 리   : 괜찮아? 너와 잰은…….

한 나   : 우리가 그를 계속 트럭에 실었다 내렸다 하고
　　　　　　있어.

메 리   : 도대체 왜?

한 나   : 그는 죽어가고 있어. 대체 뭘 하는 거야?

메 리   : 버려두고 갈수는 없잖아. 버려두고 가란 말이야?

한 나   : 아니, 아니. 그런 뜻이 아냐.

한나가 환자의 들것 옆에 자리를 잡는다.

한 나   : 도움이 될 거예요.

밤 공기에 몸을 움츠린다. 언덕 위에는 달빛에 작은 수도원의 윤곽이 보인다. 그녀는 얼어붙은 마스크 같은 얼굴로 울고 있다.

한 나   : 난 저주 받았나 봐요. 날 사랑하는 사람은…
　　　　　　(한숨) 나와 가까운 사람은 다… 틀림없이 저주
　　　　　　받은 거예요. 어느 쪽이에요?

■pitstop

여행 중 휴식이나 보급을 위해 정지하는 것.

■This will help you.

이게 도움이 될 거예요.

여기서 this는 주사를 의미한다.

■I must be a curse.

나는 저주받은 존재임이 틀림없어.

must는 확실한 추측을 나타낸다.

> **What's the point?**
>
> 뭘 하는 거야? / 요점이 뭐야?
> 대화에서 상대방이 분명하지 않은 말을 할 때 단도직입적으로 말할 것을 요구하는 말.
> cf) Don't beat around the bush.
> 　　빙빙 돌리지 말고 말해.
> 여기서는 죽어가는 환자를 힘들게 실었다 내렸다 하는 것이 무슨 의미가 있느냐는 뜻에서 하는 수사학적 의문문이다.
> = What's point of moving him in and out of truck?

What's the point?

뭘 하자는 거야?

11. EXT. THE MONASTERY. DAY
Hana is investigating the monastery of St. Hana, wandering through its overgrown gardens, exploring a library, and stairs. She finally makes a decision.

12. EXT. CONVOY SITE. ITALY. DAY

HANA : When he dies, I'll catch up.

OLIVER : It's not safe here. The whole country's crawling with bandits and Germans and God knows what. It's madness. I can't allow it.

HANA : The war is over. How can it be desertion?

OLIVER : It's not over everywhere. I didn't mean literally. This is normal, a shock, for all of us, Hana.

HANA : I need morphine, a lot. And a pistol.

OLIVER : If anything ever happened to you, I'd never forgive myself.

Hana nods. A tiny smile. Oliver shrugs helplessly.

OLIVER : We're heading for Leghorn. "Livorno" the Italians call it. We'll expect you.

13. INT. THE PATIENT'S ROOM. DAY
Hana lets Mary take the weight while she goes to the bed and pulls away the drapes, sending up a cloud of dust. They lower the patient onto the bed.

MARY : Fine.

HANA : Thank you.

SOLDIER : You're welcome, ma'am.

MARY : Oh, Hana!

11. 낮. 수도원. 외부

한나는 풀이 자란 정원, 도서관, 계단 등을 탐색하면서 성 한나 수도원을 조사한다. 마침내 어떤 결심을 한다.

12. 낮. 이탈리아. 호송대. 외부

한 나 : 그가 죽으면 따라잡을게요.

올리버 : 여긴 안전하지 못해. 전국이 도둑떼에다 독일군에다 온갖 사람들이 들끓고 있다구. 이건 미친 짓이야. 허락 못해.

한 나 : 전쟁은 끝났잖아요. 이게 어떻게 탈영이에요?

올리버 : 모든 지역에서 완전히 끝난 건 아냐. 진짜 탈영이라는 뜻으로 한 말은 아니야. 우리 모두가 충격을 받는 건 정상적인 거야, 한나.

한 나 : 모르핀이나 많이 줘요. 권총도.

올리버 : 당신에게 무슨 일이 있으면 나 자신을 용서 못할 거야.

한나가 고개를 끄덕인다. 작은 미소. 올리버는 어쩔 수 없다는 시늉을 한다.

올리버 : 레그혼으로 갈거야. 이탈리아 사람들은 '리보르노' 라고 부르지. 거기서 기다릴게.

13. 낮. 환자의 방. 내부

메리가 무게를 지탱하는 동안 한나는 침대로 가서 커튼을 젖혀 먼지가 피어오른다. 그들은 환자를 침대에 눕힌다.

메 리 : 좋아요.

한 나 : 고마워요.

군 인 : 천만에요.

메 리 : 오, 한나!

■catch up
(뒤쳐져 있다가) 따라 잡다.

■bandit
산적, 강도.

■God know what.
~은 하나님만이 아신다, 아무도 모른다.

■desertion
탈영.
동사형은 desert이다. 악센트가 둘째 음절에 있으므로 사막이란 말과 혼동하지 말아야 한다.

■literally
문자 그대로, 말 그대로.
정말 한나가 탈영했다는 뜻으로 한 말은 아니었다고 올리버가 말한다.

■lower
내리다.

We're heading for Leghorn.
우리는 레그혼으로 가요.
• head for
'~로 향하다'는 뜻이다.
head toward를 사용할 수도 있으며 이 표현은 나중에 나온다. 미국식 표현으로 (be) headed for도 사용된다.
ex) Where are you headed?
　어디로 가세요?
I am headed for Seoul.
서울로 갑니다.

We're heading for Leghorn.
우리는 레그혼으로 가요.

HANA	: I'll be okay. I'll catch up.
MARY	: Good.

14. INT. THE PATIENT'S ROOM. DAY

PATIENT	: What... what was all the banging? Are you... are you fighting rats, or the entire German army?
HANA	: No. I was repairing the stairs. I found a library, and the books were very useful.
PATIENT	: Before you find too many uses for those books, you might read some to me.
HANA	: I think they're all in Italian, but I'll look, yes. What about your own book?
PATIENT	: My book? Oh, yes, the Herodotus. Yes, you can read him.
HANA	: Oh. I found plums. We have plums in the orchard. There. We have an orchard.
PATIENT	: Herodotus is the father of history. Do you know that?
HANA	: I don't know anything.

She has peeled a plum and now slips it into his mouth.

HANA	: Hmm....
PATIENT	: It's a... it's a very plum... plum.

15. INT. THE PATIENT'S ROOM. DAY
The patient tries to leaf through the Herodotus book, but the book falls down to the floor.

한 나　　: 걱정마. 곧 따라갈게.

메 리　　: 좋아.

14. 낮. 환자의 방. 내부

환 자　　: 쿵쾅대는 소리가 들리던데… 쥐를 상대로 싸
웠어요? 아니면 독일군 전체하고?

한 나　　: 아뇨. 계단을 고치고 있었어요. 도서관을 찾았
고, 책이 매우 유용했어요.

환 자　　: 책을 유용하게 다 써 버리기 전에 내게 책 좀
읽어줘요.

한 나　　: 모두 이탈리아어일테지만, 아무튼 찾아볼게
요. 당신 책은 어때요?

환 자　　: 내 책? 아, 그래. 헤로도토스. 그걸 읽어도 돼요.

한 나　　: 참! 자두가 있어요. 과수원에 자두가 있어요.
자. 과수원이 있거든요.

환 자　　: 헤로도토스는 역사의 아버지요. 그거 알아요?

한 나　　: 전 아무것도 몰라요.

자두를 까서 환자의 입에 넣어준다.

한 나　　: 음…….

환 자　　: 이거… 맛이 제법 든 자두군.

15. 낮. 환자의 방. 내부
환자가 헤로도토스의 책을 넘기려고 하지만 책이 바닥에 떨어진다.

■**I'll be okay.**
나는 괜찮을 거예요.

■**banging**
bang이라는 말은 의성어로 쿵쿵치는 소
리를 표현한다. 총소리를 이렇게 나타내
기도 한다.

■**What about your own book?**
당신 책은 어때요?
　• What about ~?
　상대방의 의견을 물을 때 많이 사용하
　는 표현이다.

■**plum**
명사로 '자두'라는 뜻이지만 여기서 앞에
붙은 plum은 형용사로 '잘 익은'이라는
뜻이다.

■**leaf through**
책장을 넘기다(여기서는 동사로 사용되
었다).
　• leaf
　(책의) 한 장.

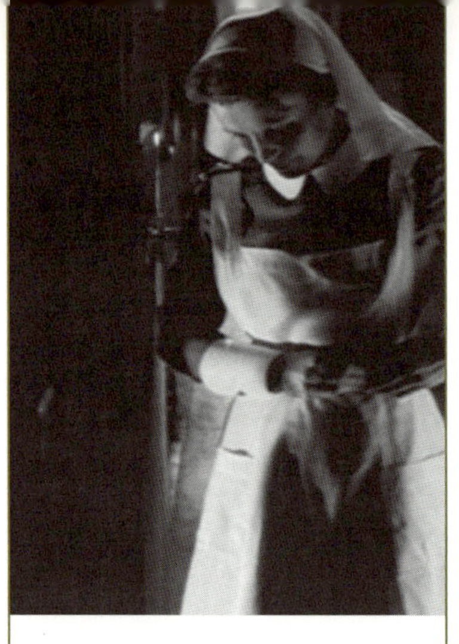

영화와 원작의 차이

1. 서사 구조

　소설은 알마시, 한나, 카라바조, 킵이라는 네명의 캐릭터가 동일한 비중을 지니고 자신의 이야기를 번갈아서 펼쳐나가는 서사 방식을 택한다. 소위 탈식민주의 문학작품에 속하는 이 소설에서 작가는 과거 영국을 비롯한 열강들에 의한 아프리카와 아시아 등 제3세계의 침탈이 어떻게 벌어졌는지를 보여주기 위해 각 캐릭터들에게 동일한 비중을 두면서 스토리를 진행한다. 포스트모던적인 다양한 목소리로 엮어진 서사가 때로 모호하고 파편적이어서 스토리를 전체적으로 짜맞추는 것은 독자의 몫으로 돌아간다. 모든 의문이 해결되고 종결되는 영화의 엔딩과 달리 소설에서는 결말을 어느 정도 열어둔 채 끝난다. 알마시가 죽는 장면은 소설에서는 등장하지 않고 킵이 인도에서 의사가 되어 가족들과 시간을 보내는 것으로 채워진다. 한나는 아버지의 죽음을 생각하며 계모에게 편지를 쓴다.

　　그러나 영화는 처음 장면이 마지막 장면에서 다시 반복되는 수미상관적인 구조로 되어 있다. 탈식민주의 주제가 강조되는 소설과 달리 영화는 할리우드 영화에서 특징적으로 찾아볼 수 있는 두 남녀의 로맨스에 더 초점을 맞춘다. 특히 킵과 카라바조의 역할이 상당 부분 축소되고 알마시와 캐서린의 러브 스토리가 영화의 중심을 이룬다. 열린 종결로 끝나는 소설과 달리 영국인 환자는 약물 과다 주사로 죽고, 킵은 다른 발령지로 떠나고 카라바조는 새로운 애인 줄리아를 만난다. 한나와 카라바조가 이탈리아 사람들과 함께 트럭을 타고 떠나면 바하의 피아노 음악이 다시 들리고 첫 장면에서 보았던, 그러나 이해되지 못했던 알마시와 캐서린이 비행기를 타고 사막을 가로지르는 장면이 다시 등장하면서 영화가 끝난다.

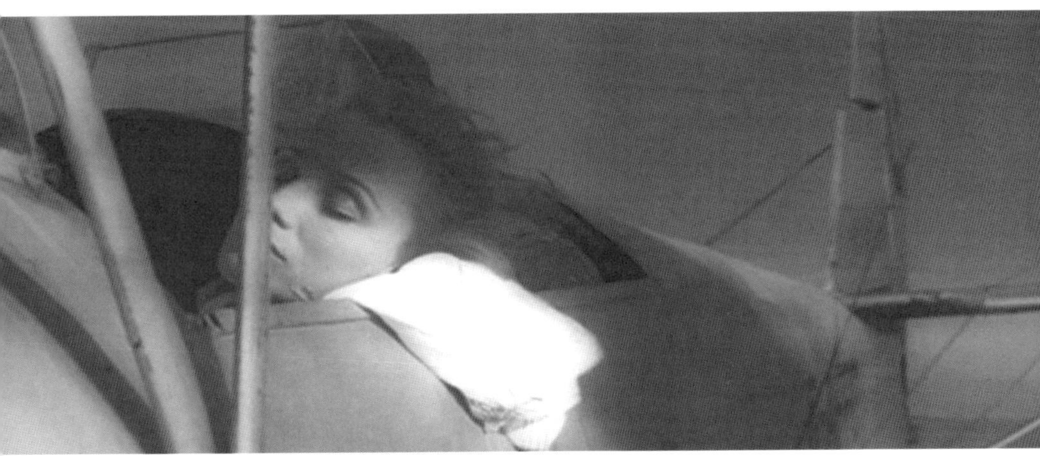

2. 캐릭터

영화는 서두에 알마시의 비행기 추락과 한나가 애인의 사망 소식을 듣고 친한 친구 잰을 잃는 장면을 병치시킴으로써 이 영화가 사랑하는 사람을 잃는 슬픈 내용을 담고 있음을 설정한다. 원작에서 한나는 아버지를 잃는 것으로 되어 있다. 알마시와 캐서린의 사랑 이야기가 주를 이루면서 킵의 중요성은 영화에서 상당히 축소된다. 스리랑카 출신으로 영국과 캐나다에서 공부했던 작가 온다체는 킵이라는 인물을 통해 탈식민주의적인 시각을 표현하고자 했기 때문에 소설에서는 킵이 지뢰제거요원으로 훈련받는 과정과 영국인들과의 관계가 상당히 상세하게 묘사되어 있다. 영화에서는 킵이 플로렌스로 다시 배치를 받으면서 떠나는 것으로 되어 있지만 소설에서는 일본에 원자폭탄이 투하되었다는 소식을 듣고 충격을 받은 킵이 오토바이를 타고 질주한다. 킵은 "황인족에게 폭탄을 투하하기 시작하면 당신들은 모두 영국인이야. 모두 영국에게서 배운 거야."라고 말한다. 카라바조도 "원자탄을 백인 국가에는 결코 떨어뜨리지 않았을 거야."라고 생각한다. 이러한 대사와 상황들은 원작이 지니고 있는 탈식민주의적 주제를 부각시킨다.

3. 주제

　예술성이 높은 문학작품이 영화로 만들어질 때 빠질 수 있는 가장 큰 위험은 원작이 담고 있는 강렬한 주제가 장르 영화라는 틀 속에서 약화되고 희석된다는 점이다. 더구나 그 영화가 거대한 자본과 마케팅 실력을 갖춘 스튜디오에 의해 제작될 때 그러한 위험은 더욱 커진다. "The English Patient"는 20세기 폭스사에서 제작을 검토하다가 디즈니 계열의 미라맥스에서 제작을 맡았다. 할리우드의 장르 영화로 만들어지면서 원작은 로맨스, 전쟁영화, 드라마라는 장르의 관행과 공식에 영향을 받지 않을 수 없었다. 그 결과로 탄생한 영화는 킵을 주변화하고 영국인 환자를 성자처럼 만드는 등 온다체의 다성적인 소설을 단선적인 영화로 만들었다는 비판을 받았다. 어떤 비평가는 "포스트모던 시대를 벗어나 과거로 향수적인 귀환을 하고 싶은 서구문화의 욕망을 반영한다."고 비판했으며 베두인족 등은 이국적인 배경에 불과하다고 지적했다.

　확실히 이 영화의 매력은 알마시와 캐서린의 금지된, 그렇기 때문에 더욱더 애절한 사랑에 스며 있다. 우리의 뇌리에 강하게 남아 있는 장면들도 알마시의 방에서의 두 사람의 격렬한 정사, 그것을 밤새도록 밖에서 기다리며 지켜보아야 하는 제프리의 비통한 표정, 크리스마스 파티 때의 밀회, 그리고 비행기가 추락한 뒤 알마시가 부상당한 캐서린을 안고 울면서 동굴로 들어가는 모습 등이다. 이 영화에서 사막은 백인의 탐험과 전쟁의 장이며 알마시와 캐서린의 사랑의 배경 역할을 한다. 국가들과 체제들은 경계를 나누고 소유를 위해 전쟁을 하지만 알마시와 캐서린의 사랑은 국적과 도덕의 경계를 넘어서는 사랑이며 영화는 개인의 사랑이 이러한 인위적인 경계를 넘어설 수 있음을 보여준다.

| Chapter 02 | Welcome to the International Sand Club

국제사막클럽에 오신 것을 환영합니다

Welcome to the International Sand Club

시간 00:21:04 ~ 00:30:11

16. EXT. THE DESERT. DAY
An old man is speaking in Arabic. And a man is responding in Arabic and writing down something in this book. A plane flies past them.

ALMASY : A mountain the shape of a woman's back. Good, good.

As the plane is landing, people from the truck run towards the plane.

MADOX : Hello, Geoffrey! Welcome!

CLIFTON : Madox!

MADOX : Welcome to the expedition.

CLIFTON : How do you do? Geoffrey Clifton. Splendid to finally meet you all.

MADOX : This is Dante D'Agostino and Diggy Bermann, our archaeologist.

D'AGOSTINO : Beautiful plane.

16. 낮. 사막. 외부
어느 노인이 아랍어로 말을 한다. 어떤 남자가 아랍어로 대답을 하고 책
에다 뭔가를 쓴다. 비행기가 지나간다.

알마시　　　 : 여인의 등 모양을 한 산이라. 좋아요.

비행기가 착륙하자 트럭의 사람들이 비행기를 향해 달려간다.

매독스　　　 : 안녕 제프리. 어서 오게!
클리프톤　　 : 매독스!
매독스　　　 : 원정대에 온 걸 환영하네.
클리프톤　　 : 처음 뵙네요. 제프리 클리프톤이에요. 드디어
　　　　　　　　여러분들을 모두 만나 뵙는군요.
매독스　　　 : 이쪽은 단테 다고스티노와 고고학자인 디기
　　　　　　　　베르만.
다고스티노 : 멋진 비행기군요.

■ expedition
　원정대.

■ How do you do?
　처음 만났을 때 나누는 formal한 인사법.

■ Splendid to finally meet you all.
　마침내 만나게 되어 너무 멋져요.
　It is 라는 말이 앞에 생략되어 있다.

MADOX	: This is Sharif AlFouad, Egyptologist.
CLIFTON	: And this is my wife, Katharine.
MADOX	: Hello.
KATHERINE	: Hello.
MADOX	: Welcome to the International Sand Club.

17. EXT. BASE CAMP AT POTTERY HILL. LATE DAY
The party is in the shade of the tents. Almasy joins the group. Madox nods over to the Clifton plane.

CLIFTON	: To the International Sand Club.
D'AGOSTINO	: I'll get cups.
MADOX	: Marvelous plane. Did you look?
ALMASY	: Yes.
CLIFTON	: Isn't it? A wedding present from Katharine's parents. We're calling it Rupert Bear. Hello. Geoffrey Clifton.
ALMASY	: Almasy.
MADOX	: We can finally consign my old bird to the scrapheap.
D'AGOSTINO	: Mrs. Clifton, I'd like to present... Count Almasy.
KATHARINE	: Hello. Geoffrey gave me your monograph and I was reading up in the desert. Very impressive.
ALMASY	: Thank you.
KATHARINE	: I wanted to meet the man who could write such a long paper with so few adjectives.
ALMASY	: Well, a thing is still a thing, no matter what you place in front of it. Big car, slow car, chauffeur-driven car.
MADOX	: Broken car.

매독스	: 이쪽은 이집트 연구가 사리프 일포드야.
클리프톤	: 내 아내 캐서린입니다.
매독스	: 안녕하세요.
캐서린	: 안녕하세요.
매독스	: 국제 사막 클럽에 오신 걸 환영합니다!

17. 늦은 오후. 포터리 언덕의 베이스 캠프. 외부

일행이 텐트 그늘 속에 있다. 알마시가 그들과 합류한다. 매독스는 클리프톤의 비행기를 향해 고갯짓을 한다.

클리프톤	: 국제 사막 클럽을 위해.
다고스티노	: 컵을 가져올게.
매독스	: 굉장한 비행기야. 봤어?
알마시	: 응.
클리프톤	: 굉장하지? 장인, 장모의 결혼 선물이야. 루퍼트 곰이라 부르지. 안녕하시오? 제프리 클리프톤이오.
알마시	: 알마시입니다.
매독스	: 이제야 내 고물 비행기를 폐기처분할 수 있겠군.
다고스티노	: 클리프톤 부인, 알마시 백작을 소개합니다.
캐서린	: 안녕하세요. 제프리가 준 당신의 논문을 사막에서 봤는데, 아주 인상적이더군요.
알마시	: 감사합니다.
캐서린	: 형용사가 거의 없이 그런 긴 글을 쓰는 분을 만나보고 싶었어요.
알마시	: 사물은 그저 사물일 뿐이니까요. 그 앞에 어떤 수식어를 붙이더라도. 큰 차, 느린 차, 기사 딸린 차, 그것도 역시 차일 뿐이죠.
매독스	: 망가진 차.

■ **nod over to**
~쪽을 향하여 고갯짓을 하다.

■ **consign my old bird to the scrap-heap**
내 고물 비행기를 폐기 처분하다.
- consign something to
  ~에게 건네주다, 위임하다.
- scrapheap
  쓰레기 더미.

■ **monograph**
특정 주제에 대한 논문.

■ **adjective**
형용사.

■ **no matter what you place in front of it**
명사 앞에 어떠한 수식어를 붙이더라도.

■ **chauffeur-driven**
기사가 모는.
chauffeur의 발음에 주의할 것.

I'd like to present Count Almasy.
알마시 백작을 소개합니다.
- I'd like to present....
  ~를 소개합니다.
- 사람을 소개할 때 쓰는 다른 표현들.
  I'd like you to meet Stephen Parker.
  스티븐 파커씨를 소개합니다.
  May I introduce Mr. Harris, our new representative?
  새로운 대표인 해리스씨를 소개할까요?

I'd like to present Count Almasy.

알마시 백작을 소개합니다.

ALMASY   : It's still a car.

CLIFTON   : Not much use, though.

KATHARINE   : Love? Romantic love, platonic love, filial love? Quite
              different things, surely.

CLIFTON   : Uxoriousness. That's my favorite kind of love. Excessive
              love of one's wife.

ALMASY   : Now there you have me.

18. EXT. THE DESERT. DAY

MADOX   : They're tourists.

ALMASY   : Absolute rot.

MADOX   : They're highly recommended by the Royal Geographic
              Society. She is charming and has read everything.
              He's meant to be a ruddy good flier.

ALMASY   : We don't need another pilot.

MADOX   : He can make aerial maps of the whole route.

ALMASY   : You can't explore from the air, Madox. If you could
              explore from the air, life would be very simple. Contact.

MADOX   : Contact.

19. EXT. GILF KEBIR PLATEAU. MORNING

Two planes are scouting the Gilf Kebir region. Geoffrey flies up alongside Madox and
wiggles his wings. Madox waves. They're flying over a distinctive group of granite
massifs, crater-shaped hills. Almasy is distracted by them. He turns to Madox and
points down, indicating they should explore them. Madox gestures to the Cliftons to
photograph the Massifs. A thumbs-up from Geoffrey.

알마시　：여전히 차죠.

클리프톤　：하지만 별로 쓸모는 없지.

캐서린　：사랑은요? 낭만적 사랑, 플라토닉 러브, 자식
　　　　　으로서의 사랑. 분명히 다르죠.

클리프톤　：아내에 대한 사랑! 그게 내가 가장 좋아하는
　　　　　사랑이지. 아내에 대한 극진한 사랑.

알마시　：못 말리겠군요.

18. 낮. 사막. 외부

매독스　：저 사람들은 꼭 관광객 같아!

알마시　：말도 안 돼.

매독스　：저 사람들은 왕립 지리학회에서 추천한 사람
　　　　　들이야. 부인은 아주 매력적이고 박식한 여자
　　　　　지. 남편은 끝내주는 조종사이구.

알마시　：우리에게 조종사는 더 필요 없어.

매독스　：전 노선에 대해 항공 지도를 만들 수 있대.

알마시　：하늘에서는 탐험을 할 수 없어, 매독스. 하늘
　　　　　에서 탐험을 할 수 있다면 사는 게 참 간단해
　　　　　질 거야. 준비.

매독스　：준비 완료.

19. 아침. 길프 케비르 고원. 외부

두 대의 비행기가 길프 케비르 지역을 정찰하고 있다. 제프리가 매독스
옆으로 날아와 날개를 흔든다. 매독스가 손을 흔든다. 그들은 독특한 화
강암 단층군과 분화구 모양의 언덕 위를 날아간다. 알마시는 광경에 매
료된다. 그는 매독스를 향해 아래를 가리면서 그곳을 탐색해야겠다고 지
적한다. 매독스가 클리프톤 부부에게 사진을 찍으라고 신호를 한다. 제프
리가 엄지 손가락을 치켜세운다.

■ though
그렇지만.
양보절을 이끄는 접속사가 아니라 부사
이다. 대개 문장의 끝에 온다.

■ filial love
자식의 사랑.
효도를 filial duty 혹은 filial piety라고
한다.

■ uxoriousness
아내에 대한 극진한 사랑.

■ rot
허튼 소리.

■ ruddy
매우, 몹시.

■ contact
비행에서 이륙준비 상태를 확인하는 용어.

■ wiggle
개가 꼬리를 흔들거나 사람이 귀를 쫑긋
거리는 동작을 말함.

■ granite massif
화강암 층.

Now there you have me.
내가 졌다.
• 그 점에 있어서 '네가 나를 이겼다'는
의미. 이때 have는 '불리한 입장에
빠뜨리다', '~을 패배시키다'는 뜻.
ex) You had him there.
그 점에서 너는 그보다 유리하다.
• 자신의 의견보다 상대방의 의견이
더 옳다고 할 때 사용하는 표현들.
Sorry, you're right.
Perhaps you have a point there.
Yes, I hadn't thought of that.

Now there you have me.

내가 졌다.

20. INT. THE PATIENT'S ROOM. MORNING

HANA : I should try and move the bed. I want you to be able to see the view. It's good. It's a view from a monastery.

PATIENT : I can already see.

HANA : How? How can you see anything?

PATIENT : No, no, not the window. I can't bear the light anyway. I can see all the way to the desert.

HANA : I'm turning you.

PATIENT : Exploring before the war, making maps. Is there sand in my eyes? Are you cleaning sand from my ears?

HANA : No sand. That's your morphine speaking.

PATIENT : I can see my wife in that view.

HANA : Are you remembering more?

PATIENT : Could I have a cigarette?

HANA : Are you crazy?

PATIENT : Why... why are you so determined to keep me alive?

HANA : Because I'm a nurse.

21. EXT. CAMPFIRE. NIGHT

MADOX : Bravo.

They are singing a song in English, in Arabic, in German, in Italian.

ONE MAN : Next!

ALL : Katharine!

20. 아침. 환자의 방. 내부

한 나 　: 침대를 한번 옮겨 봐야겠어요. 당신이 경치를
　　　　 볼 수 있으면 좋겠어요. 너무 멋져요. 수도원
　　　　 에서 보는 경치가.

환 자 　: 벌써 보여요.

한 나 　: 어떻게요? 어떻게 볼 수 있어요?

환 자 　: 아뇨. 창밖 경치 얘기가 아니오. 어쨌든 빛을
　　　　 견딜 수가 없어요. 사막까지 환하게 다 보여요.

한 나 　: 돌아 눕힐 게요.

환 자 　: 전쟁 전에 사막을 탐험하며 지도를 만들었어
　　　　 요. 내 눈에 모래가 들어갔나? 귀에서 모래를
　　　　 닦아내고 있어요?

한 나 　: 모래는 없어요. 모르핀을 맞아서 그래요.

환 자 　: 그 경치에서 아내의 모습도 보여요.

한 나 　: 더 많은 것이 기억나요?

환 자 　: 담배 좀 주겠소?

한 나 　: 미쳤어요?

환 자 　: 왜 기를 쓰고 날 살리려고 하죠?

한 나 　: 난 간호사니까요.

21. 밤. 캠프파이어. 외부

매독스 　: 브라보.

영어, 아랍어, 독일어, 이탈리아어로 노래부른다.

한 남자 　: 다음!

모 두 　: 캐서린!

■I can't bear the light anyway.
어쨌든 빛을 견딜 수 없어요.
　• bear
　　참다, 견디다.

■all the way
줄곧, 멀리, 계속해서.
ex) I ran all the way to the station.
　　나는 역까지 줄곧 달렸다.

■That's your morphine speaking.
모르핀을 맞아서 그래요.
모르핀이 귀에서 소리를 낸다는 뜻.

■Could I have a cigarette?
담배 하나 주실래요?
공손하게 무엇을 요청할 때 사용하는 표
현이다.
ex) Could I have some water?
　　물 좀 주시겠어요?

■determined to
~하려고 작정한.

I want you to be able to see the
view.
　당신이 경치를 볼 수 있으면 좋겠어요.
　= I wish you could see the view.

I want you to be able to see the view.

당신이 경치를 볼 수 있으면 좋겠어요.

22. INT. THE PATIENT'S ROOM. NIGHT

HANA : "The King insisted that he would find some way... to prove beyond dispute... that his wife was fairest of all women. I will hide you in your room where we sleep, said Candaules...." said Candaules.

PATIENT : Candaules.

HANA : Candaules.

PATIENT : Candaules.

23. EXT. BASE CAMP AT POTTERY HILL. NIGHT

KATHARINE : Candaules tells Gyges that the Queen has the same practice every night. She takes off her clothes... and puts them on the chair by the door to her room.

24. INT. THE PATIENT'S ROOM. NIGHT

HANA : "And from where you stand, you will be able to gaze on her at your leisure."

25. EXT. BASE CAMP AT POTTERY HILL. NIGHT

KATHARINE : And that evening, it's exactly as the King has told him. She goes to the chair, removes her clothes one by one, until she's standing naked in full view of Gyges. And indeed, she was more lovely than he could have imagined.

22. 밤. 환자의 방. 내부

한 나 : "왕은 어떻게 해서든… 자기의 아내가 가장 아름다운 여자임을 증명할 방법을 찾으리라고 고집했다. '우리 침실에 자넬 숨겨 주겠네.' 캔돌리스가 말했다."

환 자 : 캔돌리스가 말했다.

한 나 : 캔돌리스.

환 자 : 캔돌리스.

23. 밤. 포터리 언덕의 베이스 캠프. 외부

캐서린 : 캔돌리스는 가이지스에게 왕비에게는 매일 밤 같은 습관이 있다고 했어요. 옷을 벗어서 문 옆 의자에 걸어놓는 거죠.

24. 밤. 환자의 방. 내부

한 나 : "그리고 네가 있는 곳에서 그녀를 마음대로 볼 수 있을 거야."

25. 밤. 포터리 언덕의 베이스 캠프. 외부

캐서린 : 그날 저녁, 왕이 말한 그대로 일이 벌어졌어요. 그녀는 의자로 가서 옷을 하나씩 벗어 마침내 가이지스가 보는 앞에서 완전히 나체로 서 있었어요. 그리고 정말 그녀는 그가 상상했던 것보다 훨씬 아름다웠어요.

■beyond dispute
논란의 여지 없이.

■fairest of all women
모든 여자 중에 가장 아름다운.
ex) ('백설공주'에서) Mirror, mirror, on the wall. Who's the fairest of all?
거울아, 거울아, 이 세상에 누가 제일 예쁘니?

■the same practice
같은 습관.

■at *one's* leisure
한가할 때에, 편리할 때에.

■one by one
하나씩 하나씩.

■in full view
완전히 보이도록.

It's exactly as the King has told him.
왕이 말한 그대로였다.
• exactly as
정확히 ~한대로.
• 다음과 같이 응용해 볼 수 있다.
It's exactly as I have seen in the picture.
내가 사진에서 본 그대로였다.
It's exactly as my father has told me.
아버지가 말씀하신 그대로였다.

It's exactly as the King has told him.
왕이 말한 그대로였다.

But then, the Queen looked up... and saw Gyges concealed in the shadows. And although she said nothing, she shuddered.

Almasy sees her.

KATHARINE : And the next day, she sends for, for Gyges and challenged him. And hearing his story, this is what she said.

CLIFTON : Off with his head!

KATHARINE : She said, "Either you must submit to death... for gazing on that which you should not, or else kill my husband who has shamed me... and become King in his place." So Gyges kills the King, marries the Queen and becomes ruler of Lydia for 28 years. The end.

She comes back to her seat.

KATHARINE : Shall I spin the bottle?

MADOX : So, Geoffrey, let that be a lesson to you.

KATHARINE : D'Agostino!

ALL : D'Agostino!

26. INT. THE PATIENT'S ROOM. NIGHT

HANA : Are you asleep?

PATIENT : Yes. No. I'm dropping off.

그러나 그때 왕비가 고개를 들었어요. 그리고 어둠 속에 숨은 가이지스를 보았어요. 비록 아무 말도 하지 않았지만 그녀는 몸을 떨었어요.

알마시가 그녀를 본다.

캐서린 : 다음날 그녀는 가이지스를 불러 다그쳤고 자초지종을 듣고는 이렇게 말했어요.

클리프톤 : 목을 쳐라!

캐서린 : 그녀는 "보지 말아야할 것을 본 죄로 너는 죽음을 당하던가 아니면 나를 욕보인 내 남편을 죽이고 그 대신 왕이 되어라."라고 말했죠. 그래서 가이지스는 왕을 죽이고 왕비와 결혼해 28년간 리디아를 다스렸어요. 끝이에요.

캐서린이 제자리로 돌아온다.

캐서린 : 병을 돌릴까요?

매독스 : 그러니 제프리, 그걸 교훈으로 삼아 둬.

캐서린 : 다고스티노 차례예요.

모 두 : 다고스티노.

26. 밤. 환자의 방. 내부

한 나 : 주무세요?

환 자 : 그래요. 아니, 졸고 있었소.

■ send for ~
~를 부르러 사람을 보내다.

■ challenge
문제 삼다, 다그치다.

■ in *one's* place
~ 대신에.

■ Let that be a lesson to you.
그것을 교훈으로 삼아라.

■ drop off
잠이 들다.

This is what she said.
그녀는 이렇게 말했어요.
말한 것을 다시 한 번 강조하고자 할 때 사용하는 표현이다.
= What she said was this
= What I meant was....
= All I mean is....
ex) What I said was, it's a terrific view.
　　내 말은 경치가 끝내준다는 거야.

This is what she said.

그녀는 이렇게 말했어요.

영화적 기법과 소설의 기법

온다체의 소설이 밍겔라 감독의 영화로 각색되면서 주제성이 약화되었다는 비판과 함께 받은 또 하나의 지적은 소설의 다양하고 구체적인 서술 전략이 단선적이고 연대기적인 사랑 이야기로 서술되었다는 점이다. 원작은 네 명의 화자가 번갈아가면서 1인칭과 3인칭을 오가면서 모호하고 파편화된 스타일로 진행되지만 영화는 그렇지 않다는 것이다.

그러나 자세히 살펴보면 영화의 스타일도 원작의 모호하고 파편적인 스타일을 충실히 반영하려고 노력하고 있으며 다양한 시점의 변화와 병치관계로 관객의 참여를 끌어내고 있음을 볼 수 있다. 이러한 효과를 내는데 기여를 하고 있는 테크닉은 사운드와 이미지의 디졸브(dissolve)이다. 영국인 환자가 수도원에서 헤로도토스의 책을 떨어뜨리면 그것은 곧바로 알마시가 캐서린을 처음 만나던 장면으로 연결된다. 캠프파이어 주변에서 캐서린이 책을 읽는 소리는 수도원에서 한나가 환자에게 책을 읽어주는 장면과 번갈아 교차되면서 두 인물의 병치관계를 설정한다. 동굴에서 캐서린이 남긴 마지막 편지는 한나가 읽음으로써 종결된다.

한나가 바닥에 선을 그어 넣고 돌차기 놀이(hopscotch)를 하며 내는 소리는 바로 파티 장면의 악기 소리와 연결된다. 영화에서 반복적으로 들리는 소리는 병이 내는 소리이다. 알마시가 베두인 족에 의해 구출될 때 그들의 약병이 부딪히는 소리가 들리며, 캐서린이 캠프파이어에서 이야기를 할 때에도 병을 돌려서 순서를 정한다. 한나가 환자에게 주사를 놓을 때 환자는 손톱으로 약병을 톡톡 치는 소리에 이제 익숙해졌다고 말한다.

이미지 상의 가장 절묘한 연결은 사막을 여성의 몸에 비유하는 것이다. 첫 장면에서 비행기를 타고 내려다보는 사막의 모습은 여인의 몸의 굴곡을 닮았다. 알마시는 '여인의 등 모양을 한 산'을 발견한다. 사막은 경계가 없는 곳이지만 열강들은 그 사막을 차지하기 위해 전쟁을 일으켰고, 알마시는 소유를 가장 싫어한다고 말한 뒤에 캐서린의 몸을 이곳저곳 만지며 자신의 소유라고 주장한다.

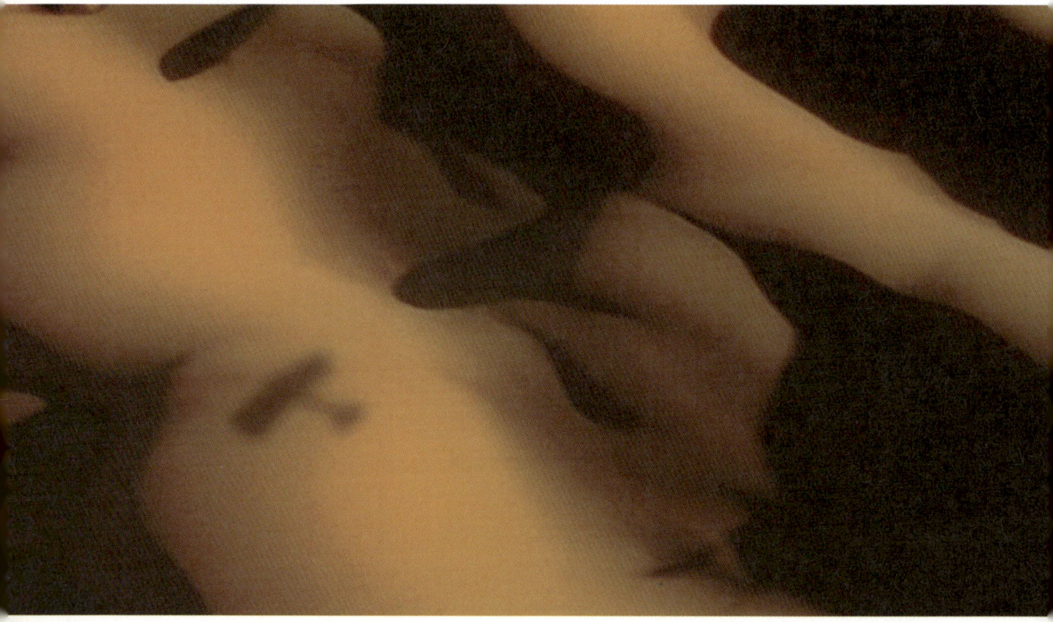

"Either you must submit to death...
for gazing on that which you should not,
or else kill my husband who has shamed me...
and become King in his place."

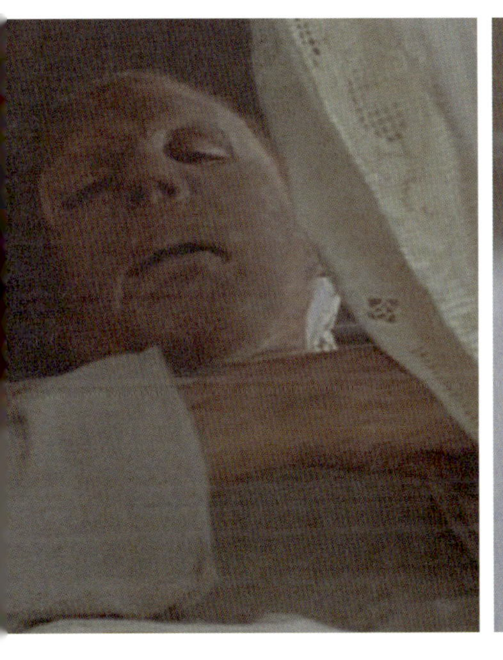

| Chapter 03| # Caravaggio
카라바조

카라바조

Caravaggio

27. EXT. THE MONASTERY. GRAVEYARD. MORNING
Hana comes to garden where crows are feasting. She's furious, shouts, runs at them.

HANA : Go away! Go! Go!

CARAVAGGIO : (very cheerfully) Buon giorno!

Hana turns, startled and suspicious. A man watches her from a bicycle.

CARAVAGGIO : Hana?

HANA : What do you want?

CARAVAGGIO : I met your friend, Mary. She said I should stop and see if you were all right. Apparently we're neighbors. My house is two blocks from yours in Montreal. Cabot, north of Laurier. Bonjour.

HANA : Bonjour.

27. 아침. 수도원. 묘지. 외부

한나가 까마귀가 포식을 하고 있는 채소밭에 와서 새들에게 화를 내며 고함치고 달려간다.

한 나 : 저리 가! 가! 가!

카라바조 : (아주 활기차게) 안녕하세요!

한나가 놀라고 의심스러운 표정으로 몸을 돌린다. 자전거를 타고 온 남자가 그녀를 바라본다.

카라바조 : 당신이 한나예요?

한 나 : 왜 그러시죠?

카라바조 : 당신 친구 메리를 만났어요. 나보고 한번 들러 서 당신이 잘 있는지 보라고 했어요. 사실 우 린 이웃이에요. 몬트리올에서 우리 집은 당신 네 집에서 두 블록 떨어진 곳에 있어요. 로리 어 북쪽의 캐벗이에요. 반가워요.

한 나 : 안녕하세요.

■Buon giorno!
안녕하세요(= Good morning).

■startled
놀라는.

■see if you were all right
당신이 잘 있나 보라고.

■apparently
외견상으로, 겉보기에.

CARAVAGGIO : (handing her an egg) For you. I'd like to take credit for it,
but it's from Mary. My name is David Caravaggio,
but nobody ever called me David. Caravaggio they
find too absurd to miss out on.

During this he tries some trick with his hand near Hana's ear. The egg drops to the ground.

CARAVAGGIO : Oh! Oh, shit. Stupid hands.

Cursing, he gets on his knees and starts to scoop it up, preserving it.

HANA   : Let me do that.

28. INT. THE MONASTERY. KITCHEN. DAY
Hana has taken his eggs and put them into a bowl.

CARAVAGGIO : They're fresh. I haven't had an egg in.... Have you
noticed there are chickens? In Italy, you get chickens
but no eggs.

Hana beats them with a knife picking out the bits of shell.

CARAVAGGIO : In Africa, there are always eggs but never chickens.
Who's separating them?
HANA   : You were in Africa?
CARAVAGGIO : Yes, I was.
HANA   : So was my patient.

카라바조 : (계란을 건네며) 당신 거예요. 생색내고 싶지만, 사실 메리가 보낸 거요. 내 이름은 데이비드 카라바조인데, 데이비드라고 부르는 사람은 아무도 없어요. 카라바조라는 이름이 특이해서 기억에 더 남나 봐요.

이 말을 하면서 한나의 귓전에 손으로 마술을 부리려고 한다. 계란이 땅에 떨어진다.

카라바조 : 오! 젠장! 빌어먹을 손!

투덜대면서 무릎을 꿇고 계란을 떠올리려고 한다.

한 나 : 제가 할게요.

28. 낮. 수도원. 부엌. 내부
한나가 계란을 받아서 그릇에 담는다.

카라바조 : 아직 신선해요. 난 달걀을 먹어 본 지가… 여긴 닭이 많은 거 알아요? 이탈리아에는 닭은 있는데 달걀이 없어요.

한나는 껍질을 제거하면서 계란을 젓는다.

카라바조 : 아프리카에는 달걀은 있는데 닭이 없죠. 누가 이들을 갈라놓죠?
한 나 : 아프리카에 있었어요?
카라바조 : 네, 거기 있었어요.
한 나 : 내 환자도 그랬는데.

■ take credit for it
take credit은 어떤 일에 대해 인정을 받는 것을 말한다.

■ too absurd to miss out on
잊어버리기에는 너무 괴상한.
 • miss out on
 놓치다, 잊어버리다.

■ stupid hands
바보 같은 손.

■ get on *one's* knees
무릎을 꿇고.

■ I haven't had an egg in....
현재완료로서 계속적 용법을 나타낸다. in 다음에 나오는 기간 동안 '계란을 먹지 못했다'는 뜻이다.

■ beat
계란을 휘젓다.

> **Let me do that.**
> 제가 할게요.
> • 도움을 제공할 때 쓰는 표현들
> Let me help you push it.
> Would you like any help?
> Is there anything I can do?

Let me do that.

제가 할게요.

CARAVAGGIO : Look, I'd like to stay for a while. I have to do some work here. I speak the language. There are partisans to be disarmed. We embrace them and see if we can relieve them of their weapons, you know, while we hide. I was a thief, so the army thought I'd be good at it.

HANA : So you can shoot a pistol?

CARAVAGGIO : No.

HANA : Do you have a problem with those?

CARAVAGGIO : No.

HANA : Well, I should look at them before you go.

CARAVAGGIO : Look. It's a big place. We needn't disturb each other. I'll sleep in the stable. It doesn't matter where I sleep. I don't sleep.

HANA : I don't know what Mary told you about me, but I don't need company. I don't need to be looked after.

29. INT. THE PATIENT'S ROOM. MORNING

HANA : There is a man downstairs. He brought us eggs. He might stay.

PATIENT : Why? Can he lay eggs?

HANA : He's Canadian.

PATIENT : Why are people always so happy when they collide with one from the same place? What happened in Montreal when you passed a man in the street? Did you invite him to live with you?

카라바조 : 저기, 당분간 여기 머물고 싶어요. 여기서 약간의 일을 해야 해요. 이탈리아어를 할 줄 알기 때문이에요. 무장해제시켜야 하는 무장 반군들이 있는데 그들을 설득해서 무기를 내놓도록 해야 하거든요. 내가 도둑 출신이라, 날 적임자라 생각한 모양이오.

한　나 : 총 쏠 줄 아세요?

카라바조 : 아뇨.

한　나 : 손에 문제가 있어요?

카라바조 : 아뇨.

한　나 : 글쎄요, 아무래도 가시기 전에 한번 손봐야겠어요.

카라바조 : 이봐요! 집이 넓으니 서로 방해되지 않을 겁니다. 내가 헛간에서 자겠소. 잠을 안 자니 어디서 자든 상관없소.

한　나 : 메리가 내 얘길 어떻게 했는지 모르지만 동료는 필요치 않아요. 남의 보살핌은 필요 없어요.

29. 아침. 환자의 방. 내부

한　나 : 아래층에 어떤 남자가 왔어요. 그가 달걀을 가져 왔어요. 아마도 여기 묵을 거예요.

환　자 : 왜? 달걀이라도 낳을 수 있나?

한　나 : 그는 캐나다인이에요.

환　자 : 사람들은 왜 동향 사람을 만나면 그렇게들 좋아하지? 몬트리올에서 어떤 남자와 마주치면 어떻게 했어요? 그 사람하고 같이 살자고 했어요?

■partisan
유격대, 게릴라, 빨치산.

■embrace
포용하다.

■relieve them of their weapons
그들을 무장해제 시키다.
• relieve A of B
A에게서 B라는 짐을 덜어주다.

■be good at
~에 능숙하다.

■company
일행, 동반자, 친구.

■look after
보살피다, 돌보다.

■collide with
~와 충돌하다.

It doesn't matter where I sleep.
어디서 자든 상관없어요.
• I don't care where I sleep.
어디서 자든 상관없어요.
ex) It doesn't matter how long it takes.
시간이 얼마나 걸리든 상관없어요.

It doesn't matter where I sleep.
어디서 자든 상관없어요.

HANA	: He needn't disturb you.
PATIENT	: He can't. I'm already disturbed.
HANA	: There's a war. Where you come from becomes important.
PATIENT	: Why? I hate that idea.

30. INT. THE PATIENT'S ROOM. MORNING

HANA	: Ah! It's gonna work.
PATIENT	: Gently.
CARAVAGGIO	: Can I help?
HANA	: It's finished.
PATIENT	: So, you're our Canadian pickpocket?
CARAVAGGIO	: Thief I think is more accurate.
PATIENT	: I understand you were in Africa. Whereabouts?
CARAVAGGIO	: Oh, all over.
PATIENT	: All over? I kept trying to cover a very modest portion and still failed.
PATIENT	: (to Hana) Are you leaving us?
HANA	: Yes.
PATIENT	: Now's our opportunity to swap war wounds.
HANA	: Then I'm definitely going.

Hana goes out to hang the laundry.

CARAVAGGIO : Does she have war wounds?

한 나 : 방해되지 않을 거예요.

환 자 : 그렇겠지. 나는 이미 방해받고 있으니까.

한 나 : 지금은 전쟁 중이죠. 그래서 출신이 어느 때보다 중요하죠.

환 자 : 왜죠? 난 그런 생각이 싫소.

30. 아침. 환자의 방. 내부

한 나 : 아! 잘 될 거예요.

환 자 : 살살.

카라바조 : 도와줄까요?

한 나 : 다 됐어요.

환 자 : 당신이 캐나다인 소매치기요?

카라바조 : 도둑이라는 말이 더 맞겠죠.

환 자 : 아프리카에 있었다는 데, 어디에 있었소?

카라바조 : 오, 이곳저곳 모두 다요.

환 자 : 모두 다? 난 가장 적당한 곳만을 여행하려고 했는데도 실패했는데.

카라바조 : (한나에게) 나갈 거요?

한 나 : 네.

환 자 : 지금이 전쟁의 상처를 서로 교환할 기회인데?

한 나 : 그렇다면 단연코 나가야겠어요.

빨래를 널러 간다.

카라바조 : 전쟁의 아픔이 있대요?

■ where you come from
'당신이 어디 출신인지'가 이 문장의 주어이다.

■ Thief I think is more accurate.
I think thief is more accurate를 순서를 바꾸어서 말한 것. '도둑'이라는 말을 강조하기 위해서이다.

■ cover a very modest portion
적당한 만큼의 지역을 돌아보다.

■ swap
교환하다.
요즘 사회 문제가 되고 있는 '부부 스와핑'도 이 단어에서 나왔다.

It's gonna work.
이제 잘 돌아갈 거야.
작업의 결과, "효과가 있을 것이다."라는 뜻.
• 어떤 기계나 도구가 work 한다는 것은 '고장이 없이 잘 돌아간다'는 뜻이다.
ex) The pump doesn't work, and we have no running water.
펌프가 고장나서 수돗물이 안 나와.
Is the telephone working today?
오늘 전화 돼?

It's gonna work.

이제 잘 돌아갈 거야.

PATIENT : I think anybody she ever loves... tends to die on her.

Hana overhears as she is hanging the laundry.

CARAVAGGIO : Are you planning to be the exception?
PATIENT : Me?

Patient laughs.

PATIENT : I think you've got... the wrong end of the stick, old boy. So... Caravaggio. Hana thinks you invented your name.
CARAVAGGIO : And you've forgotten yours.
PATIENT : I said that no one would ever invent such a preposterous name.
CARAVAGGIO : And I said you can forget everything, but you never forget your name. Count Almasy. That name mean anything to you? Or Katharine Clifton?

환 자　：그녀가 사랑하는 사람들은 모두 다 그녀를 남
　　　　겨놓고 죽었나 봐요.

한나는 빨래를 널면서 엿듣는다.

카라바조　：당신은 예외가 될 작정입니까?
환 자　：나요?

환자가 웃는다.

환 자　：잘못 짚었소. 그런데… 카라바조. 한나는 당신
　　　　이름이 지어낸 거라고 생각하던데.
카라바조　：그리고 당신은 이름을 잊어버렸고?
환 자　：그래서 내가 아무도 그렇게 말도 안 되는 이름
　　　　을 짓지는 않았을 거라고 말했소.
카라바조　：나는 사람이 다른 건 다 잊어버려도 자기 이름
　　　　은 안 잊는다고 말했지. 알마시 백작. 그 이름
　　　　이 당신에게 무엇을 의미하죠? 아니면 캐서린
　　　　클리프톤은?

■die on her
그녀를 남겨두고 죽다.

■overhear
엿듣다.
우연히 누구의 말을 듣게 되는 것을 말하
며 의도를 가지고 엿듣는 것은 eavesdrop
이라고 한다.

■get the wrong end of the stick
말을 오해하다.

■preposterous
말도 안 되는, 언어도단의.

■That name mean anything to you?
그 이름이 당신에게 어떤 의미가 있소?

| Chapter 04 | Katherine

캐서린

캐서린

Katherine

31. EXT. CAIRO MARKET. 1938. DAY
Katharine Clifton carries her purchase of an exotic-looking rug. From nowhere she is joined by Almasy.

KATHARINE : Oh, I'm sorry.

ALMASY : How much did you pay?

KATHARINE : Oh, hello.

ALMASY : They don't see foreign women in this market. How much did you pay?

KATHARINE : Um, 7, 8 pounds, I suppose.

ALMASY : Which store?

KATHARINE : Why?

ALMASY : You've been cheated. Oh, don't worry, we'll take it back.

KATHARINE : I don't want to take it back.

31. 1938년. 낮. 카이로 시장. 외부

캐서린 클리프톤은 이국적으로 생긴 양탄자를 사서 들고 있다. 어디선가 알마시가 나타나서 그녀와 합류한다.

캐서린 : 오, 미안해요.

알마시 : 얼마 지불했어요?

캐서린 : 오, 안녕하세요?

알마시 : 이 시장엔 외국 여자가 드물죠. 얼마 줬어요?

캐서린 : 음, 7, 8 파운드쯤.

알마시 : 어느 가게예요?

캐서린 : 왜요?

알마시 : 바가지 썼어요. 걱정 말아요, 돌려 받을테니까.

캐서린 : 돌려받고 싶지 않아요.

■ from nowhere
난데 없이, 어디서 나타났는지 모르게.

■ How much did you pay?
얼마 줬어요?
물건 값을 물을 때는 "How much is this?"라고 말한다.

■ You've been cheated.
바가지 썼군요.
= You're ripped off.

■ take it back
돌려주다.

ALMASY   : This is not worth 8 pounds. Mrs. Clifton.

KATHARINE   : It is to me.

ALMASY   : Did you bargain?

KATHARINE   : I don't care to bargain.

ALMASY   : That insults them.

KATHARINE   : I don't believe that. I think that you're insulted by me
            somehow.

ALMASY   : I'd be very happy to obtain the correct price for this. I
            apologize if I appear abrupt. I'm rusty at social graces.
            How do you find Cairo? Did you visit the pyramids?

KATHARINE   : Excuse me.

She is moving away from him.

ALMASY   : Or the Sphinx?

32. INT. BAR. NIGHT

ALMASY   : Latitude, 25, 33. Longitude, 25, 16.

MADOX   : We attempt to drive northeast of Kofer, we'll leave our
            bones in the desert.

ALMASY   : I disagree.

MADOX   : You're Hungarian. You always disagree.

CLIFTON   : Good evening, gentlemen.

MADOX   : Good evening.

D'AGOSTINO : How is your charming wife?

알마시　: 이건 8파운드의 가치가 없어요. 클리프톤 부인.

캐서린　: 내겐 있어요.

알마시　: 흥정했나요?

캐서린　: 흥정하고 싶지 않아요.

알마시　: 그건 그들에게 모욕적인 거예요.

캐서린　: 나는 그렇게 생각 안 해요. 나는 왠지 당신이 내게 모욕당한 것 같은데요.

알마시　: 이 물건에 대한 제값을 주고 사길 바랐을 뿐이에요. 갑자기 나타난 것 사과하죠. 원래 예절에 서툴러요. 카이로 어때요? 피라미드엔 가봤나요?

캐서린　: 실례하겠어요.

그에게서 떠나려고 한다.

알마시　: 그럼 스핑크스는?

32. 밤. 바. 내부

알마시　: 위도 25, 33. 경도 25, 16.

매독스　: 만약 코퍼 북동쪽으로 가려고 한다면 사막에 뼈를 묻어야 할 거야.

알마시　: 나는 거기에 동의하지 않아.

매독스　: 자네는 헝가리 사람이야. 헝가리 사람답게 항상 동의하지 않지.

클리프톤 : 안녕하십니까, 여러분.

매독스　: 안녕하시오.

다고스티노 : 매력적인 부인은 잘 있나?

■ It is to me.
내겐 그래요.
= It is worth 8 pounds to me.

■ bargain
물건 값을 흥정하다.

■ I'd be very happy to ~.
기꺼이 ~하다, ~하면 행복하겠다.

■ abrupt
돌발적인, 갑작스러운.

■ social graces
사교적 우아함, 매너.

■ We attempt to drive northeast of Kofer.
만약 코퍼 북동쪽으로 가려고 한다면.
= If we attempt to drive northeast of Kofer.

How do you find Cairo?
카이로가 맘에 들어요?
= How do you like ~
• 상대방에게 어떤 대상에 대한 인상이나 평가를 물을 때 쓰는 표현
A: How do you like living in Seoul?
　서울 생활이 어때요?
B: I like it very much.
　아주 좋아요.

How do you find Cairo?

카이로가 맘에 들어요?

CLIFTON : Marvelous. She's in love with the hotel plumbing. She's either in the swimming pool. She swims for hours. She's a fish. It's quite incredible. Or she's in the bath. Actually, she's just outside. Chaps only in the Long Bar.

33. INT. BAR. NIGHT

MADOX : Mrs. Clifton.

Katharine stands up from her reading.

MADOX : You'll have to forgive us. We're not accustomed to the company of women.

KATHARINE : Not at all. I was thoroughly enjoying my book.

CLIFTON : The team is in mourning, darling.

KATHARINE : Oh, really?

MADOX : I'm afraid we're not having much luck obtaining funds for the expedition.

KATHARINE : Oh. Well, what'll you do?

MADOX : More modest expedition, or even wait a year.

D'AGOSTINO : It's a disaster. Remind our families we still exist. Good heavens, are you married, Madox?

MADOX : Very much so. We all are. Save my friend Almasy here.

CLIFTON : I feel much better. Don't you, darling? We were feeling rather self-conscious. Let's toast, then. Absent wives.

ALL : Absent wives.

클리프톤 : 잘 있고말고. 호텔 배관과 사랑에 **빠졌다네.**
수영장에 있을지도 모르지. 몇 시간이나 수영
을 하니. 완전히 물고기 같아. 믿을 수가 없어.
아니면 욕조 안에 있거나. 사실은 저 밖에 있
어. 롱 바는 남성 전용이라서.

33. 밤. 바. 내부

매독스 : 클리프톤 부인.

책을 읽던 캐서린이 자리에서 일어난다.

매독스 : 용서하세요. 여자 분과 함께하는 게 익숙지 않
아서요.
캐서린 : 괜찮아요. 완전히 책에 **빠져** 있었어요.
클리프톤 : 우리 팀은 완전 초상 분위기야.
캐서린 : 그래요?
매독스 : 탐험을 위한 기금 원조를 확보하는데 별로 운
이 없군요.
캐서린 : 오. 그럼 어쩌시려고요?
매독스 : 탐험의 규모를 줄이거나 1년을 더 기다려야죠.
다고스티노 : 그건 재앙이지. 우리가 아직 존재한다는 걸 가
족들에게 기억나게 하는 건. 세상에, 매독스
자네, 결혼했나?
매독스 : 그럼. 우리 모두 결혼했지. 내친구 알마시만
빼고.
클리프톤 : 훨씬 마음이 편하군. 여보. 안 그래? 사실 좀
신경이 쓰였거든. 자 건배합시다. 떨어져 있
는 아내들을 위해.
모 두 : 떨어져 있는 아내를 위하여!

■hotel plumbing
호텔 배관.

■either A or B
A 아니면 B.

■chaps only
남성 전용의.

■We're not accustomed to the company of women.
여성과 함께 있는데 익숙지 않다.

■mourning
슬퍼하는.

■having much luck
그다지 운이 없다.

■save
~를 제외하고.
= Except.

■rather self-conscious
약간 멋쩍은, 자의식적인.

What'll you do?
어떻게 할 건가요?
= What are you going to do?
= What's your plan?

What'll you do?

어떻게 할 건가요?

MADOX	: And present ones.
KATHARINE	: And future ones.

People dance. Song ends.

KATHARINE	: Thank you.
ALMASY	: Excuse me. May I?

Clifton drinks, looking at Almasy and Katharine dancing.

KATHARINE	: Why did you follow me yesterday?
ALMASY	: I'm sorry. What?
KATHARINE	: After the market, you followed me to the hotel.
ALMASY	: I was concerned. A woman in that part of Cairo, a European woman. I felt obliged to.
KATHARINE	: You felt obliged to?
ALMASY	: As the wife of one of our party.
KATHARINE	: So why follow me? Escort me, by all means. But following me is predatory, isn't it?

They keep dancing.

34. INT. THE PATIENT'S ROOM. NIGHT

PATIENT	: Could I ask you to move? I'm sorry, but I....
HANA	: I'm sorry. Of course.
PATIENT	: It's just when you move.

매독스　　：이곳에 있는 아내를 위해.
캐서린　　：미래의 아내를 위해.

사람들이 춤을 춘다. 음악이 끝난다.

캐서린　　：고마워요.
알마시　　：실례합니다. 저랑 추실까요?

클리프톤은 알마시와 캐서린이 춤을 추는 것을 바라보면서 술을 마신다.

캐서린　　：어제 왜 절 미행했어요?
알마시　　：미안합니다. 뭐라구요?
캐서린　　：시장에서 만난 다음 호텔까지 절 따라오셨잖
　　　　　　아요.
알마시　　：걱정이 되었어요. 카이로의 그쪽 지역에서 여
　　　　　　자 혼자, 더구나 유럽 여자 혼자 다닌다는 게.
　　　　　　책임감이 들었어요.
캐서린　　：책임감이요?
알마시　　：우리 일행의 아내니까요.
캐서린　　：그러면 왜 절 따라오셨어요? 차라리 저를 호위
　　　　　　하시죠. 하지만 미행하는 건 기분이 좋지 않
　　　　　　잖아요.

둘은 계속 춤을 춘다.

34. 밤. 환자의 방. 내부

환 자　　：좀 비켜 주겠소? 미안하지만 너무…….
한 나　　：정말, 죄송해요.
환 자　　：당신이 움직일 때는…….

■I felt obliged to.
그래야 한다고 생각했어요.
　• be obliged to
　　~해야 하다.

■by all means
단연코, 반드시.

■predatory
약탈하는, 괴롭히는.
　• predator
　　포식 동물, 남을 잡아먹는 동물.

■Could I ask you to move?
자리 좀 옮겨줄래요?
　• 상대방에게 부탁을 하는 표현들
　　Will you take me to Victoria Station?
　　빅토리아 역에 데려다줄래요?
　　Would you be so kind as to take me
　　to the station?
　　역에 데려다 주실래요?
　　Would you mind turning the
　　television off?
　　텔레비전 좀 꺼줄래요?

I was concerned.
걱정했어요.
　• 걱정, 혹은 우려를 나타내는 표현들
　　I'm worried.
　　I'm afraid.
　　I'm frightened.
　　I'm concerned.
　ex) I'm very concerned that I will
　　　arrive late.
　　　늦을까봐 걱정이야.
　　　I'm worried sick we won't make it.
　　　제시간에 가지 못할 것 같아 걱정이야.

I was concerned.

걱정했어요.

HANA   : It was too rude of me.

PATIENT   : I can't really bear the pressure....

HANA   : Are you all right? I was dreaming. Awful.

35. INT. THE KITCHEN. NIGHT
Hana washes her face. Then she starts sobbing.

CARAVAGGIO : Hana. Hana, are you all right?

HANA   : Leave me alone.

Hana is still sobbing.

CARAVAGGIO : You're in love with him, aren't you? Your poor patient. You think he's a saint because of the way he looks. I don't think he is.

HANA   : I'm not so in love with him. I'm in love with ghosts. So is he. He's in love with ghosts.

CARAVAGGIO : (showing his bandaged hands) What if I told you he did this to me?

HANA   : How could he have? When?

CARAVAGGIO : I'm one of his ghosts, and he wouldn't even know it.

HANA   : I don't know what that means.

CARAVAGGIO : Ask your saint who he is. Ask him who he's killed.

HANA   : Please, don't creep around this house.

CARAVAGGIO : See, I don't think he's forgotten anything! I think he wants to forget!

한 나 　: 너무 무례했어요.

환 자 　: 무게를 견뎌내기가 어려워서…….

한 나 　: 괜찮아요? 꿈을 꿨어요. 끔찍한.

35. 밤. 부엌. 내부
한나가 세수를 하다가 울기 시작한다.

카라바조 　: 한나. 한나, 괜찮아요?

한 나 　: 혼자 내버려둬요.

한나는 아직 울고 있다.

카라바조 　: 그를 사랑하죠? 당신의 가여운 환자를. 그의 겉모습 때문에 그가 성자라고 생각하는 것 같은데. 천만에요.

한 나 　: 그를 사랑하는 게 아니라 유령을 사랑해요. 그도 마찬가지예요. 그도 유령과 사랑에 빠졌어요.

카라바조 　: (붕대감은 양손을 들어보이며) 이게 그의 짓이라면 어쩌겠소?

한 나 　: 어떻게 그럴 수가 있어요? 언제요?

카라바조 　: 나도 그의 유령 중 하나죠. 그런데 그는 알지도 못할 거예요.

한 나 　: 무슨 얘긴지 모르겠어요.

카라바조 　: 당신의 성자에게 누군지 직접 물어 봐요. 그가 누굴 죽였는지.

한 나 　: 이 집에 괜한 말썽 피우지 말아요, 제발.

카라바조 　: 그가 기억을 잃었다는 건 순 거짓말이오. 잊고 싶어 그러는 거지.

■ It was too rude of me.
제가 너무 무례했어요.

■ You're in love with him.
그를 사랑하고 있어.

■ So is he.
그도 마찬가지예요.
= He is also in love with ghosts.

■ What if ~?
만약 ~한다면 어떻게 할 건데?

■ How could he have?
그가 어떻게 그럴 수가 있어요?
= How could he have done this to you?

■ creep around
(말썽 일으키면서) 이리저리 돌아다니다.

Leave me alone.
혼자 내버려둬요.
누군가 자신을 방해하거나 어떤 행위를 강요할 때, 그리고 혼자 있고 싶을 때 사용할 수 있는 표현이다.
• 다른 표현으로 Don't bother me.가 있다. 호텔에서 maid(객실 담당 여종업원)가 방을 청소하기를 원치 않을 때 문밖에다 Do not disturb.라는 표시를 걸어두는데 이것도 "방해 받고 싶지 않다."는 의미의 표현이다.

Leave me alone.

혼자 내버려둬요.

36. EXT. BASE CAMP AT POTTERY HILL. NIGHT

CLIFTON   : Gentlemen, to mapmaking.

ALL   : To mapmaking!

MADOX   : And a special thank you to Geoffrey and Katharine, without whose fund-raising heroics, we'd still be kicking our heels.

CLIFTON   : To arm-twisting.

ALL   : Arm-twisting.

MADOX   : Did Katharine say Geoffrey has to fly back to Cairo?

CLIFTON   : Return the favor. Take a few photographs for the army.

ALMASY   : Oh, um, what kind of photographs?

CLIFTON   : Portraits. The brigadier, the brigadier's wife, the brigadier's dog, brigadier by the pyramids, brigadier breathing. And I shall, of course, be bereft. I'll finally be able to explore the Cairo nightlife. I shall produce an authoritative guide to the zinc bars and... I want to say hareems. Are we in the right country for hareems?

MADOX   : Hareems.

37. EXT. BASE CAMP AT POTTERY HILL. TENT. MORNING
Katharine and Clifton move outside the tent.

CLIFTON   : Bye, my love.

KATHARINE   : Travel safe.

CLIFTON   : Catch up in a week.

36. 밤. 포터리 언덕의 베이스 캠프. 외부

클리프톤 : 여러분, 지도 제작을 위하여 건배!
모 두 : 지도 제작을 위하여!
매독스 : 제프리와 캐서린에게 특히 고마움을 전하고 싶어요. 그들이 기금을 안 얻어 줬으면 우린 발만 구르고 있었을 거예요.
클리프톤 : 강요를 위하여!
모 두 : 위하여!
매독스 : 제프리가 카이로로 돌아가야 한다고 캐서린이 말하지 않던가?
클리프톤 : 은혜를 갚으러. 군대를 위해 사진을 좀 찍어 주려고.
알마시 : 오, 음. 어떤 사진이지?
클리프톤 : 인물 사진. 여단장과 그 부인, 그의 개, 피라미드 옆의 여단장, 여단장 숨쉬는 사진. 물론 나 혼자 갈 거야. 마침내 카이로의 밤을 둘러볼 수 있게 되었어. 징크 바에 관한 권위 있는 안내책자를 만들 거야. 후궁들도 만나보고 싶어. 여기가 그 나라 맞지?
매독스 : 후궁?

37. 아침. 포터리 언덕의 베이스 캠프. 텐트. 외부
캐서린과 클리프톤이 텐트 밖으로 나온다.

클리프톤 : 안녕, 내 사랑.
캐서린 : 조심하세요.
클리프톤 : 일주일 안에 따라갈게.

■fund-raising
기금 모금.

■arm-twisting
팔을 비트는 것.
팔을 비틀어서라도 원하는 바를 얻어낸다는 뜻.

■Return the favor.
호의를 갚다.

■bereft
bereave의 과거분사.
cf) the bereaved
유족.

■zinc bar
음악도 연주하고 술도 마시는 일종의 바.

■hareem, harem, haram
후궁, 후궁들이 있는 방.

To mapmaking.
지도 제작을 위해 건배.
• Here's to mapmaking.
건배를 할 때 쓰는 표현인데 짧게 "to ~"라고만 해도 '~를 위하여'의 뜻이 된다. (= Cheers.)
ex) I should like to propose a toast to our host.
우리를 초대한 분을 위한 건배를 제안합니다.

To mapmaking.

지도 제작을 위해 건배.

Almasy talks to Clifton who is walking to the plane.

ALMASY	: Clifton, safe journey.
CLIFTON	: You too. Good luck. Glad the funds have turned up.
ALMASY	: Clifton. This is probably none of my business. Your wife. Do you think it's appropriate to leave her?
CLIFTON	: Appropriate?
ALMASY	: Well, the desert is, it's, uh... for a woman, it's very tough. I wonder if it's not too much for her.
CLIFTON	: Are you mad? Katharine loves it here. She told me yesterday.
ALMASY	: All the same, were I you....
CLIFTON	: I've known Katharine since she was three. We were practically brother and sister before we were man and wife. I think I'd know what is and what isn't too much for her. I think she'd know herself.
ALMASY	: Very well.
CLIFTON	: Why are you people so threatened by a woman?

38. INT. MONASTERY LIBRARY. DAY
Hana stands at the piano. It's still lop-sided, propped against the wall. So she begins to play the aria from Bach's Goldberg Variations.

39. INT. THE PATIENT'S ROOM. DAY
Hana's piano continues. Upstairs, Caravaggio chats with the patient while working his arms to raise a vein, a boot-lace tied around it, preparing an injection for himself, tapping the syringe.

PATIENT	: I have come to love... that little tap of the fingernail against the syringe. Tap. Tap. Tap.

클리프톤이 비행기를 향해 걸어간다. 뒤에 앉아있던 알마시가 말한다.

알마시 : 클리프톤, 조심해서 다녀오게.

클리프톤 : 자네도, 행운을 비네. 기금을 얻게 되어 기뻐.

알마시 : 클리프톤. 내가 상관할 일은 아니지만, 자네 부인 말인데. 두고 가도 괜찮겠나?

클리프톤 : 괜찮냐니?

알마시 : 사막은 여자들에게 특히 지내기 힘든 곳이야. 너무 힘들지 않을까 모르겠어.

클리프톤 : 정신 나갔나? 캐서린은 이곳을 엄청나게 좋아해. 여기가 좋다고 하던걸.

알마시 : 그래도… 내가 자네라면.

클리프톤 : 그녀를 3살 때부터 봐 왔어. 우리는 부부가 되기 전에 오누이처럼 자랐지. 그녀에게 좋고 나쁜 것은 내가 누구보다 잘 알아. 본인도 잘 안다고 생각해.

알마시 : 잘 알았네.

클리프톤 : 왜 여자 한사람에게 위협을 느끼는 거야?

38. 낮. 수도원 도서관. 내부

한나가 피아노 앞에 서있다. 피아노는 여전히 벽에 기대어 기울어져 있다. 한나는 바하의 골드버그 변주곡 중의 아리아를 연주하기 시작한다.

39. 낮. 환자의 방. 내부

한나의 피아노 연주가 계속된다. 이층에서 카라바조는 신발 끈으로 자기 팔을 묶어 힘줄이 솟아나게 한 다음 주사기를 톡톡 쳐서 주사 놓을 준비를 하면서 환자와 대화를 한다.

환 자 : 주사기를 손톱으로 두드리는 그 소리가 좋아졌소. 톡. 톡. 톡.

■Good luck.
행운을 빌어!

■Glad ~.
~하게 되어 기뻐요.
= I'm glad that.

■turn up
나타나다, 등장하다.

■all the same
그렇다 하더라도.
= even so, nevertheless

■were I you
= If I were you.

■man and wife
부부.

■lop-sided
한쪽으로 기운.

■tap of the fingernail against the syringe
주사기를 손톱으로 두드리는 소리.
• tap
가볍게 두드리는 소리.
• against
~에 대고.

Safe journey.
조심해서 다녀오세요.
• Bon Voyage.
불어에서 나온 이 표현도 "잘 다녀오세요."라는 뜻이다.
= I hope you have a pleasant trip.

Safe journey.

조심해서 다녀오세요.

40. INT. MONASTERY LIBRARY. DAY
Hana keeps playing the piano. Gun shots punctuate the music.

KIP   : Stop playing! Please, stop playing.

Kip tries to force the door open.

HANA   : I don't have the key to that door. You....

KIP   : The Germans were here. The Germans were all over this area. They left mines everywhere. The pianos were their favorite hiding places.

HANA   : I see. Sorry.

He inspects the piano.

HANA   : Then maybe you're safe as long as you only play Bach. He's German.

KIP   : Is something funny?

HANA   : No. I'm sorry.

KIP   : I've met you before.

HANA   : I don't think so.

KIP   : Look. See? Move that, and no more Bach.

SERGEANT : Lieutenant! Are you all right, sir?

KIP   : Fine, sergeant.

40. 낮. 수도원 도서관. 내부
한나가 피아노를 연주한다. 총소리가 음악을 멈춘다.

킵 　　 : 연주를 멈춰요! 멈춰!

킵이 문을 열려고 애쓴다.

한 나 　 : 문 열쇠가 없어요. 당신은…….
킵 　　 : 독일군이 여기 머물렀소. 독일군이 사방에 쫙
　　　　 깔렸었는데, 도처에 폭탄을 장치하고 갔죠.
　　　　 피아노는 그들이 좋아하는 은닉장소예요.
한 나 　 : 그랬군요. 미안해요.

킵이 피아노를 꼼꼼히 살핀다.

한 나 　 : 바하만 친다면 안전하겠군요. 바하도 독일인
　　　　 이거든요.
킵 　　 : 뭐가 우스워요?
한 나 　 : 아니에요, 미안해요.
킵 　　 : 전에 만난 적 있죠?
한 나 　 : 아닐 걸요.
킵 　　 : 저것 봐요! 봤죠? 저걸 건드렸다간 바하도 없
　　　　 어요.
하 사 　 : 중위님, 괜찮으세요?
킵 　　 : 괜찮네, 상사.

■ Stop playing.
　연주를 멈춰요.

■ all over this area
　이 지역 전체에.

■ as long as
　~하는 한.

■ I've met you before.
　전에 만난 적 있죠.
　A: Have we met before?
　　전에 만난 적 있던가요?
　B: No, I don't think so.
　　아뇨. 그런 적 없습니다.

I see. Sorry.
　그랬군요. 미안해요.
　자신이 잘못 알고 있던 일에 대하여 이
　해를 표시한 후 사과하는 말이다.
　= Now I understand. Please accept
　　my apology.
　= Now I see. Please forgive my
　　ignorance.

I see. Sorry.

그랬군요. 미안해요.

41. INT. THE PATIENT'S ROOM. DUSK
Hana looks down from the Patient's room, watching the tents go up.

HARDY : So you're working with the Italians.

CARAVAGGIO : Yeah, trying to get them to give up their weapons. I was a thief, so the army thought I'd be good at it.

HARDY : I like the Italians.

HANA : He wants us to move out. He says there could be 50 more mines in the building. He thinks I'm mad because I laugh at him. He's Indian. He wears a turban.

PATIENT : No, he's Sikh. If he wears a turban, he's Sikh.

HANA : I'll probably marry him.

PATIENT : Really? That's sudden.

HANA : My mother always told me... I would summon my husband by playing the piano. I liked it better when there were just the two of us.

PATIENT : Why? Is he staying?

HANA : With his sergeant, a Mr. Hardy.

PATIENT : We should charge. Doesn't anyone have a job to do?

HANA : They have to clear all the roads of mines. That's a big job.

PATIENT : In that case, I... I suppose we can't charge.

HANA : No, we can't.

PATIENT : Thank you.

42. INT. THE PATIENT'S ROOM. DAY
The patient is muttering song lyrics.

41. 황혼. 환자의 방. 내부
한나가 환자의 방에서 사람들이 텐트를 치는 것을 구경하고 있다.

하 디 : 그래서 이탈리아 사람들과 일을 한다구요?

카라바조 : 네, 그들의 무장해제 일을 하고 있습니다. 제가 도둑출신이라 군에서는 제가 그 일을 잘 할 것 같다고 생각한 것 같아요.

하 디 : 난 이탈리아인이 좋아.

한 나 : 우리 보고 여기서 나가래요. 이 건물 안에 지뢰가 50개는 더 있을 거라나요. 그를 보고 웃었더니 내가 미친 줄 알아요. 인도 사람이에요. 터번을 썼거든요.

환 자 : 그는 시크교도요. 터번을 썼다면 시크교도요.

한 나 : 아마 그와 결혼하게 될 거예요.

환 자 : 정말이오? 너무 갑작스럽군.

한 나 : 엄마는 늘 말했죠. 피아노를 치면 신랑감이 나타날 거라고. 우리 둘만 있을 때가 좋았는데.

환 자 : 왜요? 그도 여기 묵을 거요?

한 나 : 하사관 하디하고요.

환 자 : 그럼 돈을 받아야지. 그 사람들은 할 일도 없나?

한 나 : 길에 묻힌 지뢰를 제거한대요. 중요한 일이죠.

환 자 : 그렇다면 돈을 받을 수 없지.

한 나 : 안 되죠.

환 자 : 고마워요.

42. 낮. 환자의 방. 내부
환자가 노래를 중얼거리고 있다.

■He wants us to move out.
우리가 나가길 바라고 있어요.

■laugh at *one*
~를 보고 웃다.

■summon
소환하다, 불러내다.

■just the two of us
우리 둘만.

■charge
돈을 받다, 비용을 부과하다.

■They have to clear all the roads of mines.
길에 묻힌 지뢰를 제거해야 한대요.
 • clear A of B
   A로부터 B를 제거하다.

Movie Talk

영화와 관련된 재미있는 일화

- 캐서린 역을 맡은 크리스틴 스콧 토마스(Kristin Scott Thomas)는 감독에게 "I am K in your film"이라는 편지를 써서 캐스팅되었다.

- 한때 캐서린 역에 대한 캐스팅을 놓고 20세기 폭스사에서 논란이 벌어졌다. 데미 무어도 그 역을 맡기 위해 열렬한 로비를 벌였다고 한다. 결국 20세기 폭스사가 빠지고 미라맥스사에서 제작하면서 크리스틴 스콧 토마스가 그 역을 맡았다.

- 폭탄을 제거할 때, 킵이 폭탄에 적힌 일련 번호 KKIP를 부르는데 공교롭게도 그 것은 킵이라는 이름과 같은 발음이기도 하다.

- 킵(Kipp)은 마이클 온다체의 학창시절 별명이다. 그의 책에 쿠킹 오일 자국이 묻곤 했는데 그것이 훈제 청어(kipper fish)를 연상시켜 그러한 이름이 붙었다고 한다.

- 클리프톤 역의 콜린 퍼스는 영화에서 두 번이나 파인즈 형제에게 아내를 빼잇긴다. 한 번은 〈셰익스피어 인 러브〉에서 조셉 파인즈에게, 또 한 번은 〈잉글리시 페이션트〉에서 랠프 파인즈에게 빼앗긴다.

- 20세기 폭스가 캐스팅을 할 때 카라바조 역을 윌리엄 디포에게 맡기지 않으려고 했다. 대신 거론된 배우는 존 굿맨, 대니 드 비토, 리처드 드레퓌스였다.

- 제작자 솔 잰츠(Saul Zaentz)는 판타지 레코드의 소유주이며 그 이익금으로 영화를 제작하는데 사용한다고 한다. 그는 〈뻐꾸기 둥지 위로 날아간 새〉, 〈아마데우스〉, 〈프라하의 봄〉(원제: 참을 수 없는 존재의 가벼움), 〈반지의 제왕〉(1978년판) 등 비중이 있는 원작의 판권을 사들여 영화로 제작하는데 명성이 나있다.

The Cave of the Swimmers

헤엄치는 사람들의 동굴

헤엄치는 사람들의 동굴

The Cave of the Swimmers

시간 00:48:18 ~ 01:07:46

43. INT. CAR EN ROUTE TO THE CAVE OF SWIMMERS. DAY
Almasy drives the second car, accompanied by Katharine and Al Auf. Katharine breaks the long silence.

KATHARINE : I've been thinking. How does someone like you decide to come to the desert? What is it? You... you're doing whatever you're doing in your castle, or wherever it is you live, and one day you say, "I have to get to the desert," or what?

ALMASY : I once travelled with a guide who was taking me to Faya. He didn't speak for nine hours. At the end of it, he pointed at the horizon and said, "Faya." That was a good day.

KATHARINE : Actually, you sing.

ALMASY : What?

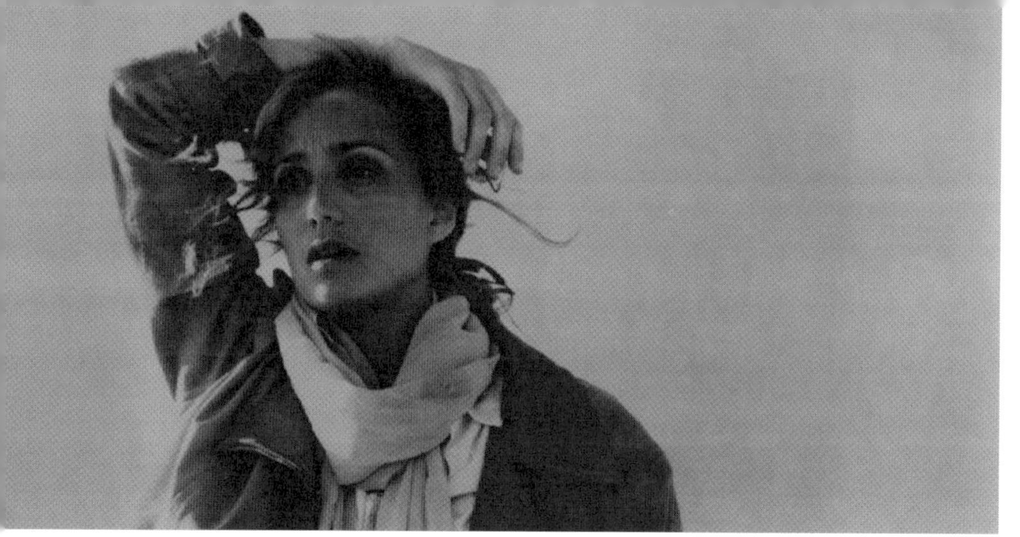

43. 낮. 헤엄치는 사람들의 동굴로 가는 차. 내부

알마시가 캐서린과 앨 아프와 함께 두 번째 차를 몰고 있다. 캐서린이 오랜 침묵을 깨뜨린다.

캐서린 : 생각해봤어요. 당신 같은 분이 어떻게 사막에 오기로 결심했을까? 왜죠? 당신이 살던 성, 아니면 당신이 살고 있던 곳이 어딘지는 모르지만 어쨌든 거기서 무슨 일을 하다가, 어느 날 갑자기 "사막에 가야겠다."고 한 거예요, 아니면 뭐예요?

알마시 : 언젠가 나를 파야로 데려다 줄 가이드와 여행을 했었어요. 그는 9시간 동안 한마디도 하지 않았어요. 마지막에 가서야 그는 지평선을 가리키며 "파야."라고 말했어요. 멋진 하루였지.

캐서린 : 그런데 사실 당신은 항상 노래를 불러요.

알마시 : 뭐요?

■I've been thinking.
생각을 좀 해봤는데.

■Or what?
아니면 뭐예요?
or what은 or something 등과 같이 그다지 큰 의미는 없이 문장의 끝에 붙이는 표현이다.

KATHARINE   : You sing. All the time.

ALMASY   : I do not.

KATHARINE   : Ask Al Auf.

ALMASY   : Al Auf!

Almasy asks Al Auf in Arabic. He laughs and nods. Al Auf is singing. Katharine is singing.

44. EXT. THE DESERT. AT THE CAVE OF SWIMMERS. DAY
Chanting in Arabic. Chanting continues.
The group is investigating a cleft in the rocky massif. They climb slowly. Below them, a new and temporary base camp. The group winds around the rock. Almasy turns to offer a hand to Katharine behind him.

ALMASY   : Give me your hand.

KATHARINE   : Thanks.

Chanting continues.
He scrambles up this path, reaching up, only to notice that his hand almost perfectly covers a painted hand on the rock.

45. INT. THE CAVE OF SWIMMERS. FLASHLIGHT
He steps inside the cave. An expression of joy come over his face when he discovers something in the cave under the flashlight.

ALMASY   : Madox! Madox! Madox! Come quickly! I've found

                      something!

MADOX   : What is it?

ALMASY   : D'Ag! Bermann! Quick!

MADOX   : My God. They're swimming. They're swimming.

Katharine sketches the figures on the wall.

캐서린	: 당신은 노래를 불러요. 언제나.
알마시	: 안 그랬소.
캐서린	: 앨 아프에게 물어봐요.
알마시	: 앨 아프!

알마시는 아랍어로 앨 아프에게 물어본다. 그가 웃으며 고개를 끄덕인다.
앨 아프가 노래 부른다. 캐서린이 노래 부른다.

44. 낮. 사막. 헤엄치는 사람들의 동굴. 외부

아랍어 주문, 주문이 계속된다.
사람들이 바위 단층의 틈을 조사하고 있다. 서서히 언덕을 오른다. 밑에
새로 임시 베이스 캠프가 세워졌다. 사람들이 바위를 돌아 올라온다. 알
마시가 뒤따라 오는 캐서린에게 손을 건넨다.

| 알마시 | : 내 손을 잡아요. |
| 캐서린 | : 고마워요. |

주문이 계속된다.
그는 길을 오르면서 손을 뻗어 자신의 손과 완벽하게 일치하는 손의 자
국을 바위에서 발견한다.

45. 헤엄치는 사람들의 동굴. 내부. 플래시 불빛

알마시가 동굴에 들어선다. 플래시 불빛 아래 뭔가를 발견하고 기쁨의
표정을 짓는다.

알마시	: 매독스! 매독스! 매독스! 빨리와 봐! 대단한 걸 찾았어!
매독스	: 뭔데?
알마시	: 다그! 베르만! 어서 와.
매독스	: 세상에. 수영을 하잖아. 수영을 하고 있어.

캐서린이 수영을 하는 사람들을 스케치한다.

■**all the time**
줄곧.

■**wind around**
돌아서 가다.
 • wind
  굽이치다, 휘감다.

■**scramble up**
기어오르다.

■**step inside**
안으로 발을 들여놓다.

Give me your hand.
내 손을 잡아요.
 • 오르막을 오르거나 위험한 곳에서 "상
  대방의 손을 잡아주겠다."는 뜻이다.
 • 이와 반대로 give someone a hand
  라고 하면 '도와주다'는 뜻이다.
 ex) Come and give me a hand in the
  garden.
  와서 정원 일 좀 도와줘요.
  We gave him a hand finishing the
  project.
  우리는 그가 프로젝트 마치는 것을
  도와주었다.

Give me your hand.

내 손을 잡아요.

46. EXT. THE DESSERT. DAY

BERMANN : How do you explain... to someone who has never been here, feelings which seem quite normal?

ALMASY : I don't know, my friend. I don't know.

Kamal tumbles down from the truck to the ground.

KAMAL : Aaah!

BERMANN : Kamal!

ALMASY : Bermann, what are you doing? Bermann!

The car lurches sideways and topples over the edge.

PEOPLE : Watch out! Watch out!

People climb down from the following truck and run to the toppled car.
Men shout in Arabic.

MADOX : Get them out of the car!

KATHARINE : Let me help!

MADOX : Almasy, are you all right?

ALMASY : Yes, yes, I'm fine.

BERMANN : My wrist! Ah!

46. 낮. 사막. 외부

베르만 : 이곳에 안 와 본 사람에게 이렇게 일상적인 느
　　　　 낌들을… 어떻게 설명할 건가?
알마시 : 모르겠네, 친구. 모르겠어.

카말이 트럭 위에서 바닥으로 떨어진다.

카 말 : 아!
베르만 : 카말!
알마시 : 베르만! 무슨 짓이야? 베르만!

차가 옆으로 기운 후 뒤집힌다.

사람들 : 조심해요! 조심해!

뒤따라오던 트럭에서 사람들이 내려 사고 지점으로 뛰어간다.
아랍어로 소리치는 사람들.

매독스 : 차에서 끌어내요!
캐서린 : 도울게요!
매독스 : 알마시, 어때? 괜찮나?
알마시 : 응, 그래. 괜찮아.
베르만 : 내 팔목! 아!

■lurch
한쪽으로 기울어지다.

■topple
전복하다.

■Watch out!
조심해.

■climb down
내려오다.

■wrist
손목.

How do you explain?
어떻게 설명할 수 있어?
• 상대방에게 설명해달라고 부탁하는
의미도 있지만 추궁하는 듯한 뉘앙
스를 풍길 수도 있다.
ex) I don't understand what's hap-
pening. How do you explain this
delay?
무슨 일인지 이해가 안 가요. 왜 이
렇게 늦어지는 거죠?

How do you explain?
어떻게 설명할 수 있어?

47. EXT. THE DESERT. DAY
Almasy, Kamal and two of the other young Bedouin stand around the mess of the two broken vehicles. The one working car is loaded with men and provisions. Katharine sits inside, next to Madox. Almasy comes over to her window, to speak past her to Madox.

MADOX : I'll be back as quick as I can, thirty-six hours at the outside.

ALMASY : Try to get an additional radiator. We can store it between here and Pottery Hill. And a better jack. We planned badly.

MADOX : (nods at Almasy, then shouts over to the wrecked vehicles) Bermann?

Bermann nods and hurries away from Kamal, squeezing into the car.

ALMASY : Safe journey.

But the vehicle gets bogged down in sands, since it's hopelessly overloaded with people. They all get out.

MADOX : Now what?

Madox gets out of the car.

MADOX : Let's get all this stuff off.

KATHARINE : I'll stay behind, of course.

MADOX : Certainly not.

BERMANN : I caused the problem. I shall stay.

ALMASY : You can't. None of you can.

47. 낮. 사막. 외부

알마시, 카말, 그리고 두 명의 베두인족 사람이 두 대의 망가진 자동차 주변에 서 있다. 성한 자동차에는 사람들과 물품들이 잔뜩 실려 있다. 캐서린은 매독스 옆에 타고 있다. 알마시는 매독스와 이야기하기 위해 그녀 쪽 창문으로 온다.

매독스 : 가능한 한 빨리 돌아올게. 기껏해야 36시간 정도 걸릴 거야.

알마시 : 라디에이터도 더 사와. 여기서 포터리 언덕까지 가는 중간에 갈아 끼우게. 더 나은 일꾼도. 계획을 잘못 짰어.

매독스 : (알마시에게 고개를 끄덕이고 부서진 차를 향해 소리친다) 베르만?

베르만은 고개를 끄덕이고 카말을 떠나 차에 탄다.

알마시 : 잘 다녀오게.

짐을 너무 많이 실은 차가 모래에 바퀴가 빠진다. 모두 나온다.

매독스 : 이제 어떻게 하지?

매독스가 차에서 내린다.

매독스 : 짐을 모두 내려야겠어.
캐서린 : 물론, 내가 남을게요.
매독스 : 절대로 안 돼요.
베르만 : 내가 말썽을 피웠으니 내가 남겠어.
알마시 : 안 돼. 그 중 누구도 안 돼.

■mess
엉망이 된 상태.

■provisions
공급품, 양식.

■at the outside
기껏해야, 많아야.

■store
장착하다, 저장하다.

■squeeze into
끼어서 들어가다.

■bog
bog가 명사일 때는 '늪'이라는 뜻.
동사가 되면 '늪에 빠져 옴짝달싹 못하는 상태'를 표현함.

■Now what?
이번에는 뭐야?

■Certainly not.
절대로 안 돼.

I'll be back as quick as I can.
최대한 빨리 돌아올게.
• as ~ as I can, as ~ as possible
'가능한 한 ~'이라는 뜻.
ex) Please finish this project as soon as possible.
이 과제를 가능한 한 빨리 끝내게.

I'll be back as quick as I can.
최대한 빨리 돌아올게.

KATHARINE : No, I insist. There clearly isn't room for all of us. I'm the least able to dig, and I'm not one of the walking wounded. It's only one night. Besides if I remain, it's the most effective method of persuading my husband... to abandon whatever he's doing and come and rescue us.

Katharine is already moving away from the car.

ALMASY : All right.

MADOX : Come on, let's get going.

48. INT. SHELTER. DAY
Almasy sits alone, writing into his Herodotus, a map folded in front of him, from which he makes notes. Katharine comes across with a clutch of her sketches and hands them to him.

KATHARINE : I thought you might like to paste them into your book.

ALMASY : Well, we... we took photographs. There's no need.

KATHARINE : No, really. I'd like you to have them.

ALMASY : Well, there's really no need. This is, um... this is just a scrapbook. They are too good. I should feel obliged. Thank you.

KATHARINE : And that would be unconscionable, I suppose, wouldn't it? To feel any obligation. Yes, of course it would.

캐서린 : 내가 남겠어요. 우리가 다 타기엔 분명히 자리가 부족해요. 난 땅도 잘 못 파고, 다치지도 않았잖아요. 겨우 하룻밤인데요. 게다가 내가 남는다면 남편이 하던 일을 그만두고 우릴 구하러 오게 하는 가장 효과적인 방법이 될 거예요.

캐서린이 이미 차로부터 멀찌감치 떨어져 걸어오고 있다.

알마시 : 좋아.
매독스 : 자, 출발하자구.

48. 낮. 대피처. 내부
알마시가 앞에 지도를 접어놓고 혼자 앉아서 거기서 뭔가를 노트하면서 헤로도토스 책에다 기록하고 있다. 캐서린이 스케치한 것을 가지고 그에게로 와서 건넨다.

캐서린 : 당신 책에 붙여 두고 싶어할 거라고 생각했어요.
알마시 : 저… 벌써. 사진을 찍었소. 필요 없어요.
캐서린 : 아뇨, 정말 당신에게 주고 싶어요.
알마시 : 음, 정말 필요 없어요. 이건 그냥… 스크랩북인걸요. 그건 여기 붙이기엔 너무 훌륭해요. 신세를 진 느낌이 들 것 같아서. 고맙소.
캐서린 : 신세를 지는 게 꺼림칙할 것 같아요? 그런가 보죠? 신세를 진 느낌이 드는 게. 네. 물론 그렇겠죠.

■room
여지, 공간.

■the least able to
가장 ~할 능력이 없는.

■persuade my husband to abandon
남편에게 그만두도록 설득하다.
 • persuade A to B
   A가 B하도록 설득하다.

■paste
명사일 때는 '풀'이라는 뜻이며 동사일 때는 '풀로 붙이다'는 뜻.

■I'd like you to have them.
가지세요.

■unconscionable
불합리한, 비양심적인.

Let's get going.
출발하자.
 • 대화를 마치고 떠나야 할 때 사용하는 표현
ex) I'm afraid I must go now.
  I really have to go now.
  Sorry, I've got to run now.
  Well, better be going, I suppose.

Let's get going.

출발하자.

49. EXT. THE DESERT. NIGHT

Katharine sits alone on top of the dune, smoking, surveying the landscape. Almasy emerges from the tent and, locating Katharine, heads towards her.

ALMASY : You should come into the shelter.

KATHARINE : I'll be quite all right, thank you.

ALMASY : Look over there.

Katharine turns, scans the horizon.

KATHARINE : What am I looking at?

ALMASY : Do you see what's happening to them, the stars?

KATHARINE : They're so untidy. I was trying to rearrange them.

ALMASY : No, no. Over there. In a few minutes, there'll be no stars. The air is filling with sand.

50. INT. CAR. NIGHT

Inside the cabin, the sand swirling around them, Katharine and Almasy sit.

KATHARINE : This is not very good, is it?

ALMASY : No.

KATHARINE : We will be all right?

ALMASY : Yes. Yes. Absolutely.

KATHARINE : "Yes" is a comfort. "Absolutely" is not.

49. 밤. 사막. 외부

캐서린이 담배를 피우고 풍경을 감상하며 모래 언덕 위에 홀로 앉아 있다. 알마시가 텐트에서 나와 캐서린을 발견하고 그녀에게 향한다.

알마시	: 어서 숙소로 돌아가요.
캐서린	: 고맙지만 괜찮아요.
알마시	: 저길 봐요.

캐서린이 몸을 돌려 지평선을 살펴본다.

캐서린	: 저게 뭐예요.
알마시	: 별들에게 일어나는 움직임이 보여요?
캐서린	: 너무 흐릿해서. 다시 배열을 해보려고 하는 중이에요.
알마시	: 아니, 아니오. 저길 봐요. 잠시 후면 별은 사라지고 공기가 모래로 가득 찰 거예요.

50. 밤. 차. 내부

바깥에는 모래바람이 몰아치는 가운데 알마시와 캐서린이 차 안에 앉아 있다.

캐서린	: 좋은 징조가 아니죠?
알마시	: 그래요.
캐서린	: 우리 무사할 수 있을까요?
알마시	: 그럼요. 무사할거요. 틀림없이.
캐서린	: "그럼요"라고 할 때는 괜찮더니, "틀림없다"니까 더 불안해지네요.

■ **head toward**
~를 향하다.
앞에 head for라는 표현도 나왔다.

■ **I'll be quite all right.**
괜찮아요.

■ **untidy**
지저분한, 깔끔하지 않은.
↔ tidy

■ **No.**
다른 사람의 말에 대해 맞장구치는 말이다. 부정의 표현이지만 우리말로는 "그래요."라고 번역해야 한다.

We will be all right?
우린 괜찮겠죠?
• 이럴 때 상대방을 안심시키기 위해 사용할 수 있는 표현.
There's nothing to worry about it.
걱정할 것 하나도 없어요.
You really needn't worry about it.
걱정할 필요 없어요.
I'm sure things will turn out fine in the end.
결국 모든 일이 잘 될 거예요.

We will be all right?

우린 괜찮겠죠?

51. INT. CAR. DAWN

ALMASY : Let me tell you about winds. There is a, a whirlwind from southern Morocco, the Aajej, against which the Fellahin defend themselves with knives. And there is a, a Ghibli from Tunis.

KATHARINE : A Ghibli?

ALMASY : A Ghibli. Which rolls and rolls and rolls and produces a... a rather strange nervous condition. And then there is the, the Harmattan, a red wind, which mariners called a sea of darkness. And red sand from this wind... has flown as far as the south coast of England, apparently producing... showers so dense that they were mistaken for blood.

KATHARINE : Fiction! We have a house on that coast and it has never, never rained blood.

ALMASY : No, it's all true. Herodotus, your friend.

KATHARINE : My friend.

ALMASY : Your fri... he writes about it... and he writes about... a, a wind, the Simoom, which a nation thought was so evil they declared war on it and marched out against it. In full battle dress. Their swords raised.

52. INT. CAR. DAY
Almasy is woken by sound of a distant engine.

ALMASY : Katharine, Katharine, I need to get out your side, quickly. A car! Let me out!

KATHARINE : Of course. I'm sorry.

51. 새벽. 차. 내부

알마시　：바람에 대한 얘기를 해줄 게요. 남부 모로코에
　　　　부는 아제지라는 회오리바람이 있는데 그 바
　　　　람을 펠라힌 사람들은 칼로 막죠. 그리고 튀
　　　　니스에서 불어오는 기블리란 바람이 있죠.

캐서린　：기블리요?

알마시　：기블리. 그 바람은 구르고 구르고 또 굴러 불
　　　　안한 상황을 만들어요. 그리고 하마탄이란 붉
　　　　은 바람을 뱃사람들이 암흑의 바다라 불렀어
　　　　요. 이 바람에 불려오는 붉은 모래가 영국 남
　　　　쪽 해안까지 날아가서 마치 피처럼 보이는 진
　　　　한 비를 내렸대요.

캐서린　：거짓말! 해변에 우리 집이 있는데 그런 피 같
　　　　은 비가 내린 적은 없어요.

알마시　：사실이오, 헤로도토스가 말했어요. 당신 친구
　　　　말이요.

캐서린　：내 친구.

알마시　：당신 친구, 헤로도토스는 시뮴이란 바람에 대
　　　　해 적고 있는데 어떤 나라 사람들은 그 바람
　　　　을 악마라고 생각해서 전쟁을 선포하고 출정
　　　　했대요. 완전 무장을 한 채, 칼을 높이 들고.

52. 낮. 차. 내부
알마시는 멀리서 엔진 소리가 나는 것을 듣고 잠이 깬다.

알마시　：캐서린, 캐서린. 당신 쪽으로 나가야겠어요.
　　　　차에요. 나가게 해줘요!

캐서린　：물론이죠. 미안해요.

■ mariner
항해사, 뱃사람.

■ Showers so dense that they were mistaken for blood.
비가 너무 진해서 피로 오인 받았다.
so ~ that 용법이다.
　• be mistaken for
　　~로 오해되다.

■ So evil they declared war on it.
너무 사악해서 바람에 대해 선전포고를 했다.
　• declare war
　　선전 포고하다.

■ I need to get out your side.
당신 쪽 문으로 나가야 돼요.
Almasy 쪽의 문은 모래로 닫혀 있다.

■ Let me out.
나가게 해줘요, 나 좀 내보내 줘요.
갇혀 있을 때 밖으로 내보내 달라는 요청
을 하는 표현이다.
　• 반대로 들여보내 달라고 할 때 쓰는 표현
ex) Let me in, please.

Fiction!
거짓말!
'허구', '꾸며낸 이야기'의 뜻으로 여기
서는 알마시의 이야기가 꾸며낸 이야
기라는 뜻이다.
　• 보통 상대방이 한 말을 믿지 못할 때
　　쓰는 표현
ex) No kidding!
　　Bullshit!
　　Nonsense!
　　Impossible!

Fiction!

거짓말!

ALMASY   : Ridiculous to fall asleep! Unforgivable! Damn! The flare!

KATHARINE   : Stop! Over here!

The car is honking.

KATHARINE   : Here!

53. EXT. THE DESERT. DAY
By the time Almasy emerges from the car, the sand pouring into the cabin, Madox's car is roaring along the horizon.

KATHARINE   : Stop! Madox!

Almasy waves, shouts, and then runs back into the car, finds his flare-gun, and sends a flare high into the sky.

ALMASY   : Madox! Madox!

KATHARINE   : Our tracks have disappeared.

ALMASY   : Madox will calculate how many miles. He'll soon turn around. Could I ask you, please, to... paste your paintings into my book. I... I should like to have them. I should be honored.

Muffled honking.

ALMASY   : The others!

KATHARINE   : Oh, God.

ALMASY   : Quick!

Almasy goes back to their vehicle and returns with a shovel, starts to dig frantically.

KATHARINE   : Oh, how awful! Are we going to get them out?

ALMASY   : Quick! Get the other shovel!

알마시   : 바보같이 잠을 자다니. 용서할 수 없는 일이야. 아차! 조명탄!

캐서린   : 서요, 여기예요!

차가 경적을 울린다.

캐서린   : 여기예요!

53. 낮. 사막. 외부

모래가 차 안으로 들어오는 가운데 알마시가 차 밖으로 나왔을 때, 매독스의 차는 지평선을 따라가고 있다.

캐서린   : 가지 말아요. 매독스!

알마시는 손을 흔들고, 고함치다가 차로 돌아가 조명탄 발사기를 찾아 하늘에 조명탄을 쏜다.

알마시   : 매독스! 매독스!

캐서린   : 우리 자취가 사라졌어요.

알마시   : 매독스가 거리를 계산해 보고 곧 돌아올 거요. 부탁이 있는데, 내 책에 당신 그림을 붙여줄 수 있겠어요? 그걸 갖고 싶어요. 갖게 되면 영광일 겁니다.

모래 속에서 경적 울리는 소리.

알마시   : 일꾼들!!

캐서린   : 오, 맙소사!

알마시   : 서둘러요!

알마시가 차로 가서 삽을 가지고 미친 듯이 파기 시작한다.

캐서린   : 어쩜 이럴 수가! 빨리 꺼내 줘야 해요!

알마시   : 얼른! 다른 삽을 가져와요.

■ **by the time**
~할 때까지(는), 그때까지.

■ **roar along the horizon**
지평선을 따라 굉음을 내며 달려가다.

■ **calculate how many miles**
거리를 계산하다.
= calculate how many miles he traveled

■ **honking**
경적 소리.
 • honk the horn
   경적을 울리다.

■ **frantically**
미친 듯이.

> **I should be honored.**
> 영광입니다.
> 뭔가 선물을 받거나 감사할 때 사용할 수 있는 표현.
> = I should be honored to have your paintings.
> ex) That's very nice of you.
>   I'm really grateful to you.

I should be honored.

영광입니다.

KATHARINE : Am I a terrible coward to ask how much water we have left?

ALMASY : A little in our can. We have, uh, water in the radiator, which can be drunk. And, uh, that's not cowardly at all. It's extremely practical. We, uh... oh, come on! Come on!

Honking continues.

ALMASY : There's also a plant. I've never seen it, but I believe you can cut a piece the size of a heart from this plant, and the next morning it'll be filled with a delicious liquid.

KATHARINE : Find that plant, cut out its heart.

Honking continues.

ALMASY : Here.

Men shouting.

ALMASY : Here's the window. Clear the glass. I'll clear the door. Mind your hands.

She kneels with him and helps to shovel away the sand which has completely engulfed the other vehicle containing the three Bedouin.

KATHARINE : It's okay. We're here. Come on, clear it quickly. Hang on. Coming. I've got it. I've got it.

ALMASY : Help them out. Here.

캐서린 : 물이 얼마나 남았는지 물으면 너무 겁쟁이일까요?

알마시 : 깡통에 좀 있고 라디에이터에도 물이 있는데 그것도 마실 수 있어요. 겁쟁이가 아니라 현실적인 질문이에요. 어디 있는 거야? 자! 얼른!

경적이 계속된다.

알마시 : 어떤 식물이 하나 있는데. 내가 보지는 않았지만 그걸 심장 크기로 잘라내면 다음날 맛있는 액이 가득 생긴다고 해요.

캐서린 : 그럼 그걸 찾아서 심장을 잘라내요.

경적 소리친다.

알마시 : 여기요.

사람들이 소리친다.

알마시 : 여기가 앞유리요. 손으로 유리의 모래를 치워요. 내가 문쪽을 치울 테니. 손 조심해요.

그녀가 무릎을 꿇고 그를 도와 세 명의 베두인 족이 탄 차량을 덮친 모래를 삽으로 치운다.

캐서린 : 알았어요. 우리가 왔으니 걱정 말아요. 빨리 치워줄게요. 조금만 참아요, 다 됐어요. 내가 문을 붙잡았어요.

알마시 : 그들이 나오게 도와줘요. 여기요.

■terrible coward
엄청난 겁쟁이.

■be filled with
~로 가득차다.

■liquid
액체.

■cut out its heart
이 표현은 나중에 Almasy가 사랑의 고통을 표현하면서 다시 사용된다.

■Clear the glass.
유리에서 모래를 치워라.

■Mind your hand.
손 조심해요.
• Watch your step.
발걸음을 조심해요.

■Hang on.
조금만 참아요. "버티다, 견디다."란 뜻.

■I've got it.
내가 할게요.
• 상대방이 해야 할 일을 대신하거나 도움을 줄 때 사용하는 표현이다.

Come on!
어서요!
상대방을 다그치거나 권유할 때 쓰기도 하지만 상황에 따라 여러 가지 뜻으로 사용될 수 있는 표현이다.
• 영화관에서 영화가 잠시 중단되었을 때 엄마와 영화를 보던 아이가 "Come on, come on!"이라고 계속 외치자 엄마가 "Oh, come on."이라고 말했다. 아이의 말은 "빨리 영화를 보여달라."는 뜻이지만 엄마의 말은 "조금 참고 기다려라."는 뜻이다.

Come on!

어서요!

54. EXT. THE DESERT. DAY

Katharine sits in the car, putting her pictures into the Herodotus. It's full of Almasy's handwriting, photographs, some pressed flowers. She deciphers a page of his words and drawings. It's almost exclusively about her, the lines studded with K's. She reads, astonished, then looks at him. Almasy suddenly drops to his knees and begins to shovel into the sand. He pulls out a can of water. Turns to Katharine and holds it triumphantly in the air.

ALMASY : Katharine. Water.

55. INT. THE DESERT. NIGHT

He gets up and loads the flare with what is clearly the last charge. Katharine comes up beside him. They wait, hope fading with the flare.

KATHARINE : Geoffrey's not in Cairo. He's not actually a buffoon. The plane wasn't a wedding present. It belongs to the British government. They want aerial maps of the whole of North Africa. So I think he's in Ethiopia. In case you're counting on his sudden appearance.

ALMASY : And the marriage. Is that a fiction?

KATHARINE : No, the marriage isn't a fiction.

The light from the flare fades on them and they stand in the dark. Suddenly on the far horizon, behind their heads, an answering flare fireworks into the sky. Men shouting In Arabic.

KATHARINE : Oh, thank God, thank God.

ALMASY : Madox. It's Madox.

KATHARINE : Am I K. in your book? I think I must be.

Almasy turns to her. He runs the blade of his arm across her neck—the sweat leaving a clear stripe.

54. 낮. 사막. 외부

캐서린이 차 안에 앉아 그림을 헤로도토스 책에 붙이고 있다. 책은 알마시의 글, 사진, 눌린 꽃으로 가득차 있다. 그녀는 그의 글과 그림이 그려진 페이지를 발견한다. 그것은 줄마다 K라는 글자가 쓰여진 거의 그녀에 대한 글이다. 그녀는 그것을 읽고 놀라 그를 바라본다. 알마시는 무릎을 꿇고 모래를 삽으로 파기 시작한다. 그는 물 한 깡통을 끄집어낸다. 그가 캐서린을 향해 그것을 의기양양하게 치켜든다.

알마시 　　: 캐서린! 물이오.

55. 밤. 사막. 내부

그는 일어나 마지막 조명탄을 장전한다. 캐서린이 그의 옆에 선다. 그들은 기다리지만 마지막 조명탄과 함께 희망이 사라진다.

캐서린 　　: 제프리는 카이로에 가지 않았어요. 그는 사실
　　　　　　 익살꾼도 아니죠. 비행기도 선물 받은 게 아
　　　　　　 니라 영국 정부 거예요. 그들은 북아프리카
　　　　　　 전역의 항공 지도를 원해요. 그는 아마 지금
　　　　　　 에티오피아에 있을 거예요. 그가 갑자기 나타
　　　　　　 날 거라고 기대할까봐 말씀드리는 거예요.
알마시 　　: 그리고 결혼 말인데, 그것도 꾸민 거요?
캐서린 　　: 결혼한 건 사실이에요.

조명탄 불빛이 사라지고 그들은 어둠 속에 서 있다. 갑자기 먼 지평선에서 응답하는 조명탄이 하늘에서 터진다. 남자들이 아랍어로 소리친다.

캐서린 　　: 오! 하느님 감사합니다.
알마시 　　: 매독스! 매독스예요.
캐서린 　　: 당신 책의 K가 나예요? 내가 맞죠?

알마시는 그녀를 향해 몸을 돌린다. 손바닥으로 그녀의 목을 스치자 땀으로 선명한 줄이 남는다.

■ buffoon
익살꾼, 광대.
Geoffrey가 사실은 정부의 특명을 받고 사막의 지도를 입수하기 위해서 왔다는 말이다.

■ It belongs to ~.
~의 소유이다.
• belongings
소유물, 소지품.
ex) Be sure to take all your belongings
with you when get off.
내릴 때 반드시 소지품을 챙기세요.

■ count on
의존하다, 기대하다.

■ thank God
안도나 다행이라는 뜻을 나타내는 감탄사. '하나님 감사합니다'라는 뜻.

■ I must be.
• I must be K.
내가 K임에 틀림없어요.

■ blade
날, 손바닥.

■ sweat
땀.

What Do You Love Most?

뭘 좋아해요?

뭘 좋아해요?

What Do You Love Most?

시간 01:07:47 ~ 01:21:23

56. INT. MONASTERY. DAY

KIP : Chapter one. "He sat in defiance of municipal orders astride the gun Zamzammah." I can't read these words. I can't read them. They stick in my throat.

PATIENT : Because you're reading it too fast.

KIP : Not at all.

PATIENT : You have to read Kipling slowly. The eye is too impatient. Think about the speed of his pen. What is it? "He sat, comma, in defiance of municipal orders, comma, astride the gun Zamzammah... on her brick."

57. INT. THE PATIENT'S ROOM. DAY

PATIENT : What is it?

56. 낮. 수도원. 내부

킵　　　 : 제1장. "그는 당국의 명령을 무시하고 잠자마
　　　　　 대포 위에 걸터 앉았다." 이 단어들을 못 읽겠
　　　　　 어요. 말이 자꾸 목에 걸려요.

환　자　 : 너무 빨리 읽어서 그래요.

킵　　　 : 아니에요.

환　자　 : 키플링의 글은 천천히 읽어야 해요. 눈은 너무
　　　　　 조급해요. 그가 글쓰는 속도를 생각해 봐요.
　　　　　 뭐였지? "그는… 쉼표, 당국의 명령을 무시하
　　　　　 고 쉼표, 잠자마 위에 걸터앉았다."

57. 낮. 환자의 방. 내부

환　자　 : 다음이 뭐지?

■ in defiance of
　~를 거역하여, ~에 항거하여.

■ astride
　~를 걸터앉아.

■ stick
　걸리다.

■ impatient
　참을성이 없는.

KIP : "Brick platform, opposite the old Ajaib-Gher."

PATIENT : "The wonder house, comma, as the natives called the Lahore Museum."

KIP : It's still there, the cannon, outside the museum. Made of metal cups and bowls taken from every household in the city as tax, then melted down. Then later, they fired the cannon at my people, comma, the natives. Full stop.

PATIENT : What exactly is it you object to? The writer, or what he's writing about?

KIP : What I really object to, Uncle, is your finishing all my condensed milk. And the message everywhere in your book, however slowly I read it, that the best thing for India is to be ruled by the British.

PATIENT : Hana, we have discovered a shared pleasure, the boy and I.

HANA : Arguing about books?

PATIENT : Condensed milk. One of the truly great inventions.

KIP : I'll get another tin.

HANA : I didn't like that book either. It's all about men. Too many men. Just like this house.

PATIENT : You like him, don't you? Your voice changes.

HANA : No, I don't think it does. Anyway, he's indifferent to me.

PATIENT : I don't think it's indifference. (to Kip) Hana was just telling me, you're indifferent....

킵 　　: "오래 된 아자이브 게르 맞은 편에 검은 단이 있었다."

환 자 : "굉장한 건물로 쉼표, 원주민들이 라호르 박물관이라 부르는 곳이었다."

킵 　　: 박물관 밖에는 아직 그 대포가 남아 있어요. 집집마다 세금으로 걷은 철제 컵과 식기들로 녹여 만든 그 대포. 그것을 나중에 내 민족 쉼표, 원주민들에게 쏘았죠. 마침표.

환 자 : 뭐가 맘에 안 드는 거요? 작가요, 책의 내용이오?

킵 　　: 내가 맘에 안 드는 건, 당신이 내 연유를 다 마시는 거예요! 그리고 책 내용은 내가 아무리 천천히 읽어도 영국의 지배를 받은 게 인도에 잘된 일이란 것뿐이고.

환 자 : 한나, 이 친구와 난 취향이 비슷한 것 같소.

한 나 : 책에 대해 논쟁하는 거예요?

환 자 : 연유 얘기요. 정말 대단한 발명품이야.

킵 　　: 하나 더 가져오죠.

한 나 : 나도 그 책이 싫어요. 남자들 얘기만 있잖아요. 남자들이 너무 많아요. 이 집처럼 말이에요.

환 자 : 그를 좋아하죠? 목소리가 달라지든데.

한 나 : 그렇지 않아요. 어쨌든, 그는 내게 무관심한 걸요.

환 자 : 그건 무관심한게 아니오. (킵에게) 한나 말이 당신이 무관심하대요.

■ **Full stop.**
문장 끝의 '종지부'를 말함.

■ **What exactly is it you object to?**
정확하게 뭐가 맘에 안 드는 거요?
　• object to
　　~에 반대하다.

■ **however slowly I read it**
내가 아무리 천천히 읽더라도.

■ **shared pleasure**
공통의 즐거움, 같이 나눌 수 있는 즐거움.

■ **it does**
목소리가 변하다.
= the voice changes.

■ **You're indifferent....**
원래 "당신이 무관심하대."라는 뜻으로 말하려다가 한나가 항의하자 이어서 '그녀의 요리에'라는 말을 덧붙였다.

You like him, don't you?
그를 좋아하지?
　• 상대방이 좋아하는 것에 대하여 질문을 할 때 사용하는 표현
　Do you like...?
　Do you enjoy watching movies?
　영화 보는 것 좋아해요?
　Do you go for this sort of music ?
　이런 음악 좋아해요?
　Isn't the scenery fantastic?
　경치가 환상적이지 않아요?

You like him, don't you?

그를 좋아하지?

HANA   : Hey!

PATIENT   : ... to her cooking.

KIP   : Well, I'm indifferent to cooking. Not Hana's cooking in particular. Have either of you tried condensed milk sandwiches?

Hana is laughing and the patient is coughing.

KIP   : They're very good with salt.

58. EXT. SHEPHEARD'S HOTEL. DAY

SERVICEMAN   : Welcome back, Madam.

KATHARINE   : Will you not come in?

ALMASY   : No. I should go home.

KATHARINE   : Will you please come in?

ALMASY   : Mrs. Clifton.

Katharine turns, disgusted.

KATHARINE   : Don't.

ALMASY   : I believe you still have my book.

Katharine fishes the book from her knapsack, shoves it at him, then disappears.

ALMASY   : Thank you.

한 나   : 이봐요!
환 자   : 자기 요리 솜씨에.
킵   : 요리에는 워낙 무관심한 편이에요. 특히 한나
          의 요리에만 그런 게 아니에요. 연유 샌드위
          치 먹어 본 사람 있어요?

한나는 웃고 환자는 기침한다.

킵   : 소금을 치면 좋아요.

58. 낮. 셰퍼드 호텔. 외부

서비스맨   : 어서 오십시오, 부인.
캐서린   : 안들어 오실래요?
알마시   : 아뇨. 집에 가야죠.
캐서린   : 들어오세요.
알마시   : 클리프톤 부인.

캐서린이 억겨운 표전으로 돌아선다.

캐서린   : 그러지 말아요.
알마시   : 내 책을 아직 가지고 계신 것 같은데요.

캐서린이 가방을 뒤져 책을 꺼내 그에게 주고 사라진다.

알마시   : 고맙소.

■in particular
특히.

■try
먹어보다.
ex) Have you tried *kimchi*?
    김치 먹어봤어요?

■fish
뒤지다.

■knapsack
배낭.

Welcome back.
돌아오신 걸 환영합니다.
• 보통 welcome 다음에 to를 써서 장
  소를 나타내지만 home, back,
  aboard와 같은 말은 to가 없이 사용
  된다.
ex) Welcome to Korea.
    Welcome home.
    귀가 (귀향, 귀국)를 환영합니다.
    Welcome aboard.
    탑승을 환영합니다.

Welcome back.

돌아오신 걸 환영합니다.

59. INT. ALMASY'S ROOM. DAY

Almasy is lying on a camp bed, face down. Almasy hasn't even removed his clothes, his boots kicked off below his jutting feet.

There's a knock at the door. It's Katharine. She's bathed, luminous, stands back-lit by the afternoon sun—an angel in a cotton dress.

She starts to beat on his head and shoulders, violently. He kneels before her, head at her thighs. She's crying, her face expressionless as her hands go to his head.

KATHARINE　　: You still have sand in your hair.

She kneels and covers his face with kisses. He pulls blindly at her dress and it is ripped across her breasts.

60. INT. BATHROOM. DAY

Almasy is in the bath. Katharine, wearing his dressing gown, pours in a jug of steaming water. Almasy leans over the rim of the bath. He's sewing, carefully repairing the torn dress.

KATHARINE　　: I'm impressed you can sew.

ALMASY　　: Good.

KATHARINE　　: You sew very badly.

ALMASY　　: Well, you don't sew at all.

KATHARINE　　: A woman should never learn to sew, and if she can,

　　she shouldn't admit to it.

Katherine snickers.

KATHARINE　　: Close your eyes.

ALMASY　　: It makes it harder still. Hmm. Hmm.

She pushes the sewing from his hands, then pours water over his head, then begins to shampoo his hair.

59. 낮. 알마시의 방. 내부

알마시는 침대에 엎드려 있다. 알마시는 옷도 벗지 않고 신발은 삐죽 나온 발 밑에 벗겨져 있다.

노크 소리가 들린다. 캐서린이다. 목욕을 한 그녀는 오후 햇빛에 역광을 받아 눈부신 모습으로 서 있다. 면드레스를 입은 천사같다.

그녀가 그의 머리와 어깨를 격렬하게 때리기 시작한다. 그는 그녀 앞에 무릎을 꿇고 허벅지에 머리를 파묻는다. 그녀는 그의 머리를 손으로 만지며 무표정하게 운다.

캐서린 : 머리에 아직 모래가 있어요.

그녀가 무릎을 꿇고 키스를 그의 얼굴에 퍼붓는다. 그가 그녀의 옷을 난폭하게 끌어당기며 가슴 부분에서 찢는다.

60. 낮. 욕실. 내부

알마시는 욕조에 있다. 캐서린이 그의 잠옷을 입고 더운 물을 붓고 있다. 알마시가 욕조의 가장자리에 기댄다. 그는 찢어진 옷을 조심스럽게 꿰매고 있다.

캐서린 : 바느질을 하다니 감동했어요.

알마시 : 좋아요.

캐서린 : 그런데 바느질 실력이 별로예요.

알마시 : 당신은 선혀 못하잖아.

캐서린 : 여자는 바느질을 배우면 안 돼요. 할 수 있어도 못하는 척해야 하고요.

캐서린이 웃는다.

캐서린 : 눈감아요.

알마시 : 바느질하기가 더 힘들군. 흠.

캐서린이 그의 손에서 바느질감을 치우고 머리에 물을 부으며 머리를 감긴다.

■ **back-lit**
후광이 비쳐진.
  · **lit**
    light의 과거분사이다.

■ **admit to it**
인정하다.
여기서 it은 바느질을 할 줄 안다는 사실.

■ **It makes it harder still.**
캐서린이 물을 뿌리자 바느질하는 것이 더 어려워졌다는 말.

I'm impressed you can sew.
당신이 바느질을 할 줄 안다는 사실에 감명 받았어요.
  · impressed 다음에 by나 with가 오기도 한다.
  ex) I'm impressed by one young man at my lectures.
  내 강의에 온 한 젊은이가 내 눈길을 끌었다.
  I'm impressed with the new airport.
  새 공항이 인상적이었다.

I'm impressed you can sew.
바느질을 하다니 놀랍군요.

She deciphers a page of his words and drawings.
It's almost exclusively about her, the lines studded with K's.
She reads, astonished, then looks at him.

We will be all right?

Yes. Yes. Absolutely.

"Yes" is a comfort.
"Absolutely" is not.

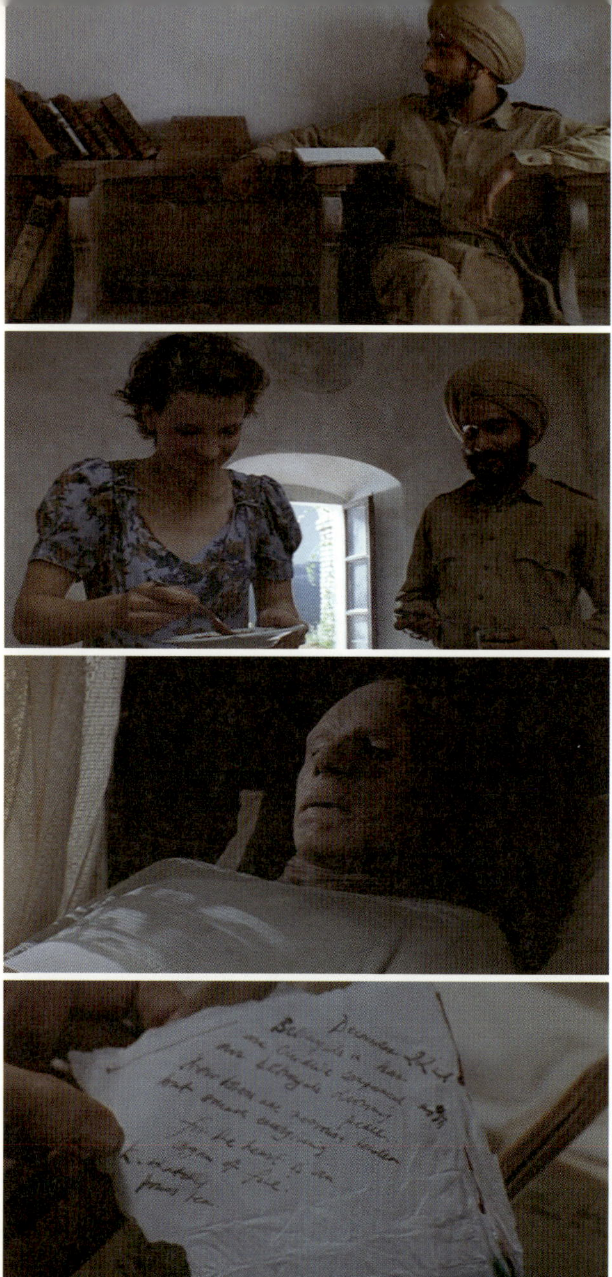

December 22nd. Betrayals in war are childlike... compared with our betrayals during peace. New lovers are nervous and tender... but smash everything.
For the heart is an organ of fire.

ALMASY	: When were you most happy?
KATHARINE	: Now.
ALMASY	: And when were you least happy?
KATHARINE	: Now.
ALMASY	: What do you love?
KATHARINE	: What do I love?
ALMASY	: Say "everything."
KATHARINE	: Let's see. Water.
ALMASY	: Mm.
KATHARINE	: Fish in it. And hedgehogs. I love hedgehogs.
ALMASY	: And what else?
KATHARINE	: Marmite. I'm addicted. And baths. But not with other people. Islands. And your handwriting.
ALMASY	: Mmm.
KATHARINE	: I could go on all day.
ALMASY	: Go on all day.
KATHARINE	: My husband.
ALMASY	: And what do you hate most?
KATHARINE	: A lie. What do you hate most?
ALMASY	: Ownership. Being owned. When you leave, you should forget me.

She freezes, pulls herself away, out of the bath.

알마시	: 가장 행복했던 때가 언제였죠?
캐서린	: 지금요.
알마시	: 가장 불행했던 때는?
캐서린	: 지금.
알마시	: 뭘 좋아해요?
캐서린	: 뭘 좋아하냐구요?
알마시	: "모두 다" 말해 봐요.
캐서린	: 글쎄요. 물.
알마시	: 으흠.
캐서린	: 물 속의 물고기. 고슴도치. 난 고슴도치가 좋아요.
알마시	: 그리고 또?
캐서린	: 마마이트 수프, 중독됐어요. 그리고 목욕. 다른 사람하고 하는 목욕 말고. 섬. 당신의 필체.
알마시	: 음.
캐서린	: 하루 종일 계속할 수 있어요.
알마시	: 종일 얘기해 봐요.
캐서린	: 내 남편.
알마시	: 가장 싫어하는 건?
캐서린	: 거짓말. 뭘 가장 싫어해요?
알마시	: 소유. 소유 당하는 것. 여기서 나가면 날 잊어야 돼요.

표정이 얼어 붙으면서 그녀는 욕조 밖으로 나간다.

■ **Let's see.**
어디 보자.
말할 때 시간을 벌거나 생각을 할 때 쓰는 표현.

■ **What else?**
또 뭐가 있죠?

■ **I could go on all day.**
하루 종일이라도 계속할 수 있어요.

What do you hate most?
뭘 가장 싫어해요?
• 여기에 대한 대답으로 쓸 수 있는 표현
ex) I've never liked….
    I really hate….
    I can't bear….

What do you hate most?

가장 싫어하는 게 뭐예요?

61. INT. THE PATIENT'S ROOM. DAY

HANA	: Who is this?
ALMASY	: Don't you recognize me?
HANA	: Is it you? So fat.

Hana sits reading from the Herodotus. She shows the patient the page where a Christmas cracker wrapper covered in handwriting has been glued in.

HANA	: Hmm.
PATIENT	: That's a Christmas cracker. Firecracker.
HANA	: This isn't your handwriting, is it?
PATIENT	: Yes, it is.
HANA	: "December 22nd. Betrayals in war are childlike... compared with our betrayals during peace. New lovers are nervous and tender... but smash everything. For the heart is an organ of fire. For the heart is an organ of fire." I love that. I believe that. K? Who is K?
PATIENT	: K... is for Katharine.

62. EXT. AMBASSADOR'S RESIDENCE. DECEMBER 1938. DAY
A Christmas party for the troops. Almasy sits in the shade, catches Katharine's attention. Katharine brings him over a cup of tea and a plate with Christmas cake on it.

SANTA CLAUS	: Merry Christmas! Merry Christmas!
ALMASY	: Say you're sick.
KATHARINE	: What? No.
ALMASY	: Say you're feeling faint. The heat.
KATHARINE	: No.
ALMASY	: I can't work. I can't sleep.

61. 낮. 환자의 방. 내부

한 나　　：누구세요?
환 자　　：나도 몰라보겠소?
한 나　　：그래요? 아주 통통하네요.

한나가 헤로도토스를 읽으며 앉아 있다. 그녀는 글이 잔뜩 써진 크리스마스 폭죽 포장지가 풀로 붙여진 페이지를 환자에게 보여준다.

한 나　　：흠.
환 자　　：크리스마스 폭죽 포장지요. 폭죽.
한 나　　：당신 필체 아니죠?
환 자　　：아니 내 필체예요.
한 나　　："12월 22일. 전시의 배신은 평화시의 배신에
　　　　　비해 유치하다. 새로운 연인들은 불안해하고
　　　　　조심스럽지만 모든 걸 망가뜨린다. 심장이 불
　　　　　의 기관이기에. 심장이 불의 기관이기에." 근
　　　　　사해요. 맞는 말이죠. K? K가 누구예요?
환 자　　：K는… 캐서린의 이름 첫자요.

62. 1938년 12월. 낮. 대사관저. 외부
군인들을 위한 크리스마스 파티. 알마시가 그늘에 앉아 캐서린의 주의를 끈다. 캐서린은 차 한 잔과 케이크가 담긴 접시를 그에게 갖다준다.

산타클로스 : 메리 크리스마스! 메리 크리스마스!
알마시　　：아프다고 해요.
캐서린　　：네? 안 돼요.
알마시　　：더위 탓에 어지럽다고 해.
캐서린　　：안 돼요.
알마시　　：일도 손에 안 잡히고 잠도 못 자.

■ firecracker
불꽃놀이하는 폭죽.

■ Yes, it is.
아니, 내 필체가 맞아요.
부정의문문으로 질문을 했을 때는 번역을
반대로 해야 한다.

■ K is for Katharine.
K는 캐서린의 이름 첫자요.
= K is short for Katharine.
　• short for
　　~의 줄임말.

■ feeling faint
어지러운, 정신이 아찔한.
동사가 되면 '기절하다'는 뜻이다.

Don't you recognize me?
나도 몰라보겠소?
recognize는 '사람을 알아본다'는 뜻.
ex) Long time, no see. I could hardly
　　recognize you.
　　오랜만이야. 몰라보겠어.

Don't you recognize me?

나도 몰라보겠소?

LADY HAMPTON : Katharine!

KATHARINE : Coming. (to Almasy) I can't sleep. I wake up shouting in the middle of the night. Geoffrey thinks it's the thing in the desert, trauma.

ALMASY : I can still taste you.

KATHARINE : (waving at another woman who pushes a trolley with teapots) Fill up this. It's empty.

WOMAN : Oh.

ALMASY : I try to write, with your taste in my mouth. Swoon. I'll catch you.

Almasy sits watching the party. The Santa Claus is dragged outside by some excited children.

SANTA CLAUS : Ho ho ho ho!

He's writing on a Christmas cracker wrapper, smoothing it out. "December 22nd. Betrayals in war are childlike compared with our betrayals during...."

SANTA CLAUS : Come along with me now!

HEAD : Merry Christmas, everyone!

SOLDIERS : Merry Christmas!

Katharine, attending to a raucous table, suddenly sags at the knees, and swoons. People rush to her.

LADY HAMPTON : Katharine! Oh, my goodness!

KATHARINE : Oh.

햄프톤 부인: 캐서린?

캐서린 : 가요. (알마시에게) 나도 잠 못 자요. 한밤중에 소리치며 자꾸 깨는데 남편은 사막에서 흔히 겪는 정신적 충격 탓인 줄 알아요.

알마시 : 아직 당신의 체취가 느껴져.

캐서린 : (찻주전자가 담긴 손수레를 끄는 여자에게 손짓하며) 이것 좀 채워줘요. 비었어요.

여 자 : 오.

알마시 : 당신의 체취를 입안에 음미하며 글을 쓰려고 해. 기절해요. 내가 잡아줄게.

알마시가 앉아서 파티를 지켜본다. 산타클로스가 아이들에 의해 밖으로 끌려 간다.

산타클로스 : 호, 호, 호, 호!

알마시가 크리스마스 폭죽을 싼 종이를 펴고 거기에 글을 써내려 간다. "12월 22일, 전시의 배신은 (평화시)의 배신에 비해 유치하다……"

산타클로스 : 이제 나를 따라오렴!

대 장 : 메리 크리스마스!

군인들 : 메리 크리스마스!

떠들썩한 테이블을 시중들던 캐서린은 갑자기 무릎에 힘이 빠지면서 기절한다. 사람들이 달려간다.

햄프톤 부인: 캐서린! 맙소사!

캐서린 : 아.

■in the middle of the night
한밤중에.

■trauma
정신적 충격, 쇼크.

■fill up
채우다.

■swoon
기절하다.

■smooth it out
문질러서 판판하게 하다.

■Come along with me now!
나를 따라와.

■my goodness
(감탄사) 어머나, 저런.

Coming!
가요.
우리말의 표현과 반대이다. 문을 열어 주러 나갈 때도 coming이라고 한다.
A: What time can you come?
　언제 올 수 있어?
B: I will come over to your place at nine.
　9시에 너희 집에 갈게.

Coming!

가요!

LADY HAMPTON : Fetch a chair.

KATHARINE : No, I'm fine.

OFFICER'S WIFE : (helping her to her feet) It's this heat. It's terrible.

SOLDIER : Is she all right?

LADY HAMPTON : (to the others) She's quite all right.

SOLDIER : Oh, good.

LADY HAMPTON : (escorts Katharine away) Are you pregnant?

KATHARINE : Oh, I don't think so, no.

LADY HAMPTON : How romantic. With Fiona, I fell over every five minutes. Ronnie christened me "Lady Downfall."

KATHARINE : Do you know, I think I might go inside and sit down for a few minutes.

LADY HAMPTON : I'll come with you.

KATHARINE : No, I'll be all right. You stay here.

LADY HAMPTON : Are you sure?

63. INT. STOREROOM. AMBASSADOR'S RESIDENCE. DAY
A small storeroom inside the palace. Outside, the sound of carols sung by the enlisted men gives way to a version of "Silent Night Holy Night" played on a solitary bagpipe. Inside, Almasy and Katharine make love in the darkness.

ALL : Happy Christmas!

햄프톤 부인: 의자를 가져와요.

캐서린　　　: 아뇨, 괜찮아요.

장교 부인　: (일어서는 것을 도와주며) 날이 너무 더워서 그래요.
　　　　　　푹푹 찌죠.

군 인　　　: 괜찮은가요?

햄프톤 부인: (다른 사람들에게) 걱정마세요.

군 인　　　: 다행이네요.

햄프톤 부인: (캐서린을 부축하며) 임신했어요?

캐서린　　　: 아니에요.

햄프톤 부인: 얼마나 낭만적이야? 피오나 가졌을 때 난 5분
　　　　　　이 멀다 하고 쓰러져서 로니가 내 별명을 "쓰
　　　　　　러지기 부인" 이라고 지었죠.

캐서린　　　: 들어가서 좀 쉬어야겠어요.

햄프톤 부인: 같이 가 줄게요.

캐서린　　　: 괜찮아요, 그냥 계세요.

햄프톤 부인: 정말 괜찮겠어요?

63. 낮. 대사관저. 창고. 내부

대사관저 안의 작은 창고. 밖에서는 백파이프가 울려퍼지는 가운데 군인
들이 캐럴('고요한 밤 거룩한 밤')을 부른다. 안에서 알마시와 캐서린은
어둠 속에서 사랑을 나눈다

모 두　　　: 메리 크리스마스!

■ fall over
넘어지다.

■ christen
이름을 붙이다.
원래 '세례를 베풀다'는 뜻이지만 세례식
에서 이름을 짓기 때문에 '명명하다'는 뜻
이 됨.

■ give way to
~에 자리를 물려주다, ~로 연결되다.

I'll be all right.
괜찮아요.
상대방이 무언가를 걱정할 때 안심시
키기 위해 쓰는 표현이다.
A: You shouldn't work so hard now
　 that you have so much fever.
　 열이 많은데 너무 무리하지 마.
B: Don't worry. I'll be all right.
　 걱정 마세요. 괜찮아요.

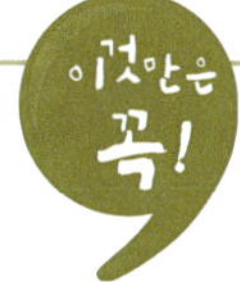

I'll be all right.

괜찮아요.

| Chapter 07 | First Anniversary

첫 번째 결혼기념일

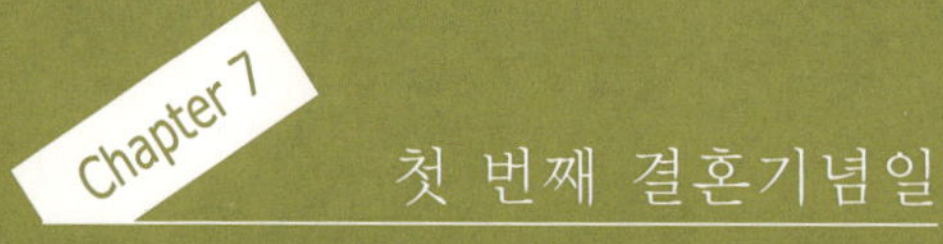

첫 번째 결혼기념일

First Anniversary

시간 01:21:24 ~ 01:31:09

64. INT. CORRIDORS. AMBASSADOR'S RESIDENCE. DAY
Almasy appears and almost immediately collides with the man dressed as Santa Claus.
He moves to one side.

CLIFTON : Have you seen Katharine?

ALMASY : What?

CLIFTON : It's Clifton under here.

ALMASY : Oh. No, I haven't. Sorry.

65. INT. SIDE ROOM IN AMBASSADOR'S RESIDENCE. DAY
Geoffrey finds Katharine sitting in one room.

CLIFTON : Darling, I just heard. You poor sausage. Are you all
right?

KATHARINE : I'm fine. I'm just too hot.

CLIFTON : Lady H thought you might be pregnant.

KATHARINE : I'm not pregnant. I'm just hot. Too hot, like you.

64. 낮. 대사관저. 복도. 내부
알마시가 등장하고 곧 산타클로스 복장을 한 남자와 부딪힌다. 그는 한
쪽으로 물러선다.

클리프톤　: 캐서린 못 봤나?
알마시　　: 네?
클리프톤　: 나야, 클리프톤.
알마시　　: 못 봤어. 미안해.

65. 낮. 대사관저의 측방. 내부
제프리가 대사관의 어느 방에 앉아 있는 캐서린을 발견한다.

클리프톤　: 여보 방금 들었어. 불쌍한 것. 괜찮아?
캐서린　　: 괜찮아요. 더위 먹었을 뿐이에요.
클리프톤　: 햄프톤 부인은 당신이 임신한 줄 알아.
캐서린　　: 임신 안 했어요. 너무 더워서 그래요. 당신처럼.

■It's Clifton under here.
　나, 클리프톤이야.
　• under here
　　변장 밑에 가려진 얼굴.

■poor sausage
　자기 아내를 애칭으로 '소시지라'고 부르
　고 있다. 영어에서는 사랑하는 대상의 애
　칭을 먹는 음식으로 부르는 경우가 종종
　있다.
　ex) Peter Shaffer의 "Black Comedy"에서
　　Colonel이 자기의 딸을 dumpling이
　　라고 부르고, Beth Henley의 "Crimes
　　of the Heart"에서 Old Granddaddy
　　가 손녀를 Dancing Sugar Plum이라
　　고 부른다.

CLIFTON	: I'm sweltering, in fact. Come on, I'll take you home.
KATHARINE	: Can't we really go home? I can't breathe. I am dying for green. Anything green, or rain. It's Christmas and it's all.... Oh, I don't know. If you asked me, I'd go home tomorrow. If you wanted.
CLIFTON	: Darling, you know we can't go home. There might be a war.
KATHARINE	: Oh, Geoffrey, you do so love a disguise.
CLIFTON	: I do so love you. Mmm. What do you smell of?
KATHARINE	: What?
CLIFTON	: Marzipan. I think you've got marzipan in your hair. No wonder you're homesick.

66. INT. THE PATIENT'S ROOM. EVENING

CARAVAGGIO	: Is it you?
PATIENT	: What?
CARAVAGGIO	: If I said "Moose."
PATIENT	: Moose? Who the hell's Moose?
CARAVAGGIO	: I look different. Why shouldn't you?
PATIENT	: I heard your breathing. I thought it was the rain. I'm dying for rain. Well, I'm dying anyway, but I... I long for the rain on my face.
CARAVAGGIO	: First wedding anniversary, what do you call it?
PATIENT	: Ha, I don't know. Paper? Is it? I don't know. Paper? Paper?

클리프톤　： 사실 나도 무척 더워. 자 어서, 집에 데려다
　　　　　　줄게.

캐서린　： 정말 집으로 돌아가면 안 돼요? 숨을 못 쉬겠
　　　　　　어요. 푸른 나무가 그리워 미치겠어요. 푸른
　　　　　　것과 비. 크리스마스라는데 이건… 아니 모르
　　　　　　겠어요. 당신이 묻는다면 나는 내일이라도 가
　　　　　　고 싶어요. 당신만 좋다면요.

클리프톤　： 여보, 집에 갈 수 없다는 거 잘 알잖아. 전쟁이
　　　　　　터질지도 몰라.

캐서린　： 제프리, 정말 당신은 변장하는 걸 너무 좋아해.

클리프톤　： 사랑해. 음. 무슨 냄새지?

캐서린　： 네?

클리프톤　： 사탕이군. 머리에 사탕이 묻었나 봐. 당신 향
　　　　　　수병에 걸리는 것도 무리가 아니야.

66. 저녁. 환자의 방. 내부

카라바조　： 당신 짓이오?

환　자　： 무슨 얘기요?

카리바조　： 무스를 몰라요?

환　자　： 무스? 도대체 무스가 뭔데?

카라바조　： 나도 모습이 변했는데 당신이라고 왜 안 변하
　　　　　　겠어?

환　자　： 당신 숨소리를 들었소. 비가 내리는 줄 알았어
　　　　　　요. 비가 그리워 죽겠어요. 어쨌든 죽어 가고
　　　　　　있지만. 하지만 얼굴에 비를 맞고 싶어.

카라바조　： 첫 결혼기념일을 뭐라고 하죠?

환　자　： 모르겠어요. 종인가? 그래요? 모르겠군. 종이?
　　　　　　종이?

■sweltering
찌는 듯이 더운.

■I'll take you home.
집에 데려다 줄게.

■What do you smell of?
당신에게서 무슨 냄새가 나는 거야?

■marzipan
아몬드로 만든 사탕 과자.

■long for
~를 갈망하다.

> **I am dying for green.**
> 푸른 색이 그리워 미치겠어요.
> • dying for
> 　~를 갈망하여 죽을 지경이다.
> ex) I am dying for a breath of fresh air.
> 　신선한 공기를 마시고 싶어 죽겠어요.
> I am dying to see you.
> 　보고 싶어 미치겠어요.

I am dying for green.
푸른 색이 그리워 미치겠어요.

67. INT. OFFICE. BRITISH H.Q. CAIRO. DAY
A small office, shared by two men, and a mountain of filing cabinets and paper. There
are aerial maps all over the walls. Clifton is on the telephone, while his colleague, Rupert
Douglas, works at the desk.

CLIFTON	: Darling, it's me. Listen, I'm sorry, something's come up.
KATHARINE	: Oh, no.
CLIFTON	: Now don't sulk. I'll be back tomorrow evening.
KATHARINE	: I'm going to sulk, and I'm not moving till you get back in.
CLIFTON	: Promise? That's good. Okay, my sausage, I love you.
RUPERT	: I didn't know you were going anywhere.
CLIFTON	: I'm not. I'm going to surprise her. It's our anniversary. She's forgotten, of course. What's the symbol of your first anniversary? I should get something. Is it cotton or paper?
RUPERT	: Your first anniversary? I thought you two'd been married for donkey's years.
CLIFTON	: We've been friends for donkey's years. Best friends. She was always crying on my shoulder about somebody. I finally persuaded her to settle for my shoulder. A stroke of genius. Moose, are you there?
MOOSE	: Yes.
CLIFTON	: First anniversary. Is that cotton?
MOOSE	: Uh, is what cotton?

67. 낮. 카이로. 영국 본부. 내부

두사람이 쓰는 작은 사무실. 파일 캐비닛과 서류가 쌓여 있다. 벽에는 온통 항공 사진. 클리프톤은 전화를 하고 동료 루퍼트 더글러스는 책상에서 일을 하고 있다.

클리프톤	: 여보, 나야. 미안해, 일이 생겼어.
캐서린	: 저런.
클리프톤	: 토라지지 마. 내일 저녁에 돌아갈 거야.
캐서린	: 토라질 거예요. 그리고 당신이 올 때까지 꼼짝도 안 할 거예요.
클리프톤	: 약속해? 좋았어. 사랑해, 여보.
루퍼트	: 자네 어디 가는 줄 몰랐는데.
클리프톤	: 안 가. 놀라게 하려고. 우리 결혼기념일이거든. 물론 아내는 잊어버렸지. 첫 결혼기념일의 상징이 뭐지? 뭔가 사야 하는데. 면인가? 아니면 종이야?
루퍼트	: 첫 기념일이라고? 지겹게 오래된 줄 알았는데.
클리프톤	: 우리가 친구 사이로 지낸 건 오래 되었지. 가장 친한 친구. 다른 사람 때문에 늘 내 어깨에 기대서 울길래, 내가 내 어깨에 정착하라고 했지. 천재적인 솜씨지. 무스? 기기 있나?
무 스	: 어.
클리프톤	: 첫 결혼기념일 상징이 뭐지? 면인가?
무 스	: 뭐가 면이냐구?

■sulk
토라지다.

■first anniversary
first wedding anniversary를 말함.

■Is it cotton or paper?
면이야, 아니면 종이야?
1주년 기념식을 지혼식(paper anniversary)이라고 함.

■for donkey's years
실로 오랫동안.
= dog's age

■crying on *one's* shoulder
~의 어깨에 대고 울다.

■persuaded A to B
A가 B 하도록 설득하다.

■settle for
~로 정착하다, ~로 결정하다.

■a stroke of genius
천재적인 솜씨, 천재성의 발휘, 천재성의 번뜩임.
'갑자기 떠오르는 기막힌 생각'을 말한다.
 • a stroke of inspiration
   번뜩이는 영감.

Something's come up.
(뭔가) 일이 생겼어.
come up은 예기치 않게 무슨 일이 생기는 것을 말한다.
ex) I was delayed because something came up at home.
집에 무슨 일이 생겨서 늦었어.

Something's come up.

일이 생겼어.

| CLIFTON | : First wedding anniversary. |
| MOOSE | : Your first anniversary is... paper. |

68. EXT. CAIRO STREET. SHEPHEARD'S HOTEL. DAY
The approach to the Shepheard's Hotel. Geoffrey Clifton in a taxi, champagne between his knees. The car ahead of them screeches to a halt as a woman hurries across the street. It's Katharine... she's dressed for a date, carries flowers, an overnight bag. Geoffrey, at first excited, is troubled by the accoutrements.

CLIFTON	: Stop.
CABBIE	: This?
CLIFTON	: S... stop here.
CABBIE	: Here?
CLIFTON	: Just stop right here.
CABBIE	: Yes, Sir.

Katharine's cab roars off. His own car jerks forward. Geoffrey sits in the cab. Fifty yards short of the hotel. He finds a cigarette.

69. INT. ALMASY'S ROOMS. LATE DAY
Katharine is in bed. Almasy has just put a record on. It's the folk song heard at the beginning of the film. He slips back under the covers. Their clothes are scattered around the room. He lies over a happy Katharine. She listens.

KATHARINE	: This... what is this?
ALMASY	: It's a folk song.
KATHARINE	: Arabic.
ALMASY	: No, no, it's Hungarian. My daijka sang it to me. When I was a child growing up in Budapest.
KATHARINE	: It's beautiful.
ALMASY	: Hmm.

클리프톤　：첫 결혼기념일 말이야.
무　스　：첫 기념일은 종이야.

68. 외부. 카이로 도로. 셰퍼드 호텔. 낮

셰퍼드 호텔로 접근. 제프리 클리프톤은 샴페인을 무릎 사이에 끼고 택시에 앉아 있다. 한 여성이 길을 건너자 앞차가 급정거한다. 데이트 차림으로 꽃과 여행가방을 든 캐서린이다. 처음에 좋아하던 제프리는 그녀의 차림에 근심스러운 표정을 짓는다.

클리프톤　：세워요!
택시 운전사 : 여기요?
클리프톤　：여기 세워요.
택시 운전사 : 여기예요?
클리프톤　：지금 당장 세워줘요.
택시 운전사 : 네.

캐서린의 차가 출발한다. 그의 차도 따라간다. 제프리는 택시에 앉아 있다. 호텔 앞 500야드. 담배를 찾는 제프리.

69. 오후. 알마시의 방. 내부

침대에 누운 캐서린. 알마시는 레코드를 막 올려놓았다. 영화 시작할 때 들리던 민요. 그는 이불 밑으로 들어간다. 옷들이 방안에 널려 있다. 행복한 캐서린 위에 봄눈 눕힌나. 음악을 듣는 그녀.

캐서린　：무슨 노래예요?
알마시　：민요야.
캐서린　：아랍 민요?
알마시　：아니 헝가리 민요. 어린 시절, 부다페스트에서
　　　　　자랄 때 친척이 불러 주곤 했지.
캐서린　：아름다워요.
알마시　：음.

■ screech to a halt
끽 하는 소리를 내며 서다, 급정거하다.

■ accoutrement, accouterment
옷차림.

■ roar off
굉음을 내며 출발하다.
roar는 '동물이 포효하는 소리'를 나타낼 때도 사용한다. off는 '출발'이라는 의미를 지니고 있다.
cf) take off
　　(비행기)가 이륙하다.

■ jerk forward
갑자기 앞으로 나가다.
　• jerk
　　갑작스러운 행동이나 움직임.

■ short of
~에 못 미치는, ~하기에는 모자란.
ex) He is short of money.
　　그는 돈이 모자란다.
ex) He stopped hundred meters short
　　of the entrance.
　　그는 입구 100미터 전에 멈추었다.

First wedding anniversary.
결혼 1주년 기념일.
　• anniversary: 해마다 찾아오는 기념일.
　• annual: 매년의, 1년마다 찾아오는.
　• annual report: 연례 보고서.
　• annals: 연대기, 연보.
　* 참고로 2년마다 벌어지는 행사를 표현할 때는 biennial이라는 말을 쓴다. 우리가 잘 알고 있는 '비엔날레'는 이 말의 이탈리아식 표현이다. 3년마다 벌어지는 행사는 triennial이다.

First wedding anniversary.

결혼 1주년 기념일.

KATHARINE : What's it about?

ALMASY : Szerelem means love. And the story... well, there's, um, this Hungarian count. He's a wanderer. He's a fool. And for years he's on some kind of a quest for... who knows what. And then one day, he falls under the spell of a mysterious English woman, a harpy, who beats him and hits him. And he becomes her slave and he sews her clothes and worships....

KATHARINE : Stop! Stop it!

ALMASY : Stop! You're always beating me.

KATHARINE : Bastard. You bastard! I believed you! You should be my slave.

The song continues. They embrace, he lies over her, considering her naked back.

ALMASY : I claim this shoulder blade. No, wait. No, I want... turn over. I want this, this, this place. I love this place. What's it called? This is mine. I'm going to ask the King permission to call it the Almasy Bosphorus.

KATHARINE : I thought we were against ownership. I can stay tonight.

ALMASY : Madox knows, I think. He keeps talking about Anna Karenina. I think it's his idea of a man-to-man chat. Well, it's my idea of a man-to-man chat.

캐서린 : 무슨 내용이에요?

알마시 : 제렐렘은 사랑이란 뜻이야. 내용은… 한 헝가리 백작이 있었는데, 그는 방랑자고 바보였어. 몇 년 간 뭔가를 찾아 수행길에 올랐지. 그러던 어느 날 신비한 영국 여인과 사랑에 빠지게 됐는데 그 못된 여자가 그를 마구 때렸지. 그래서 그는 그녀의 노예가 되어 그녀의 옷도 깁고 숭배하고 그랬지.

캐서린 : 그만! 그만 해요!

알마시 : 그만. 또 때리는군.

캐서린 : 나쁜 사람. 나쁜 사람! 깜쪽같이 속았잖아요! 당신은 내 노예가 되어야 해요.

노래가 계속된다. 그들은 포옹하고 그는 그녀 위에 누워 벗은 등을 감상한다.

알마시 : 이 어깨뼈는 내 것으로 선포한다. 아니, 잠깐. 돌아누워 봐. 이걸 줘, 여기 말야. 난 여기가 좋아. 여길 뭐라고 하지? 여긴 내 꺼야. 알마시 해협이라 부르도록 왕께 청해야겠어.

캐서린 : 우린 소유를 반대하는 줄 알았는데. 오늘은 자고 갈 수 있어요.

알마시 : 매독스가 눈치챈 것 같아. 안나 카레니나 얘기만 해. 그게 남자끼리 할 얘기라고 생각하나 보지? 하긴, 나도 그렇게 생각해.

■ who knows what
그게 뭔지는 모르지만.
앞에서 God knows what.이라는 표현이 나왔었다.

■ fall under the spell
마법에 빠지다.

■ harpy
신화에서 유래한 말로 '잔인한 여자'라는 뜻.

■ bastard
나쁜 놈.

■ claim
자신의 권리를 주장하다.

■ I thought we were against ownership.
우리는 소유를 반대하는 줄 알았는데.
 • against
   ~에 반대하여(찬성에는 for 혹은 in favor를 사용한다).

■ Anna Karenina
톨스토이가 쓴 소설의 주인공.
유부녀가 다른 남자와 사귀는 내용이 영화의 스토리와 비슷하다.

■ man-to-man chat
남자 대 남자의 이야기.

What's it about?
무슨 내용이에요? 뭐 때문에 저래요?
A: What happened? Why is he so mad?
 무슨 일이야? 왜 난리야?
B: I don't know what it's all about.
 왜 저러는지 나도 모르겠어요.

What's it about?

무슨 내용이에요?

KATHARINE   : This is a different world, is what I tell myself. A different life. And here I'm a different wife.

ALMASY   : Yes. Here you are a different wife.

The song continues and they kiss.

70. INT. CAB. CAIRO STREET. O/S SHEPHEARD'S HOTEL. NIGHT
In the back of the car Geoffrey has opened the champagne. He lets it overflow, then takes a swig.

71. EXT. SPICE MARKET. CAIRO. DAWN
Almasy stops at a stall, which is just preparing to open for the day. He picks up a silver thimble, points at it to the merchant who gives him a price.

KATHARINE   : Oh, they're darling. What are they? Thimbles?

ALMASY   : Yes, and they're quite old. It's full of saffron. Just in case you think I'm going to give it to you to encourage your sewing.

Without comment, Almasy produces the money and, beaming, hands the thimble to Katharine.

ALMASY   : I don't care to bargain.

KATHARINE   : That day, did you follow me to the market?

ALMASY   : Yes, of course.

KATHARINE   : Shall we be all right?

ALMASY   : Yes. Yes. Absolutely.

KATHARINE   : Oh, dear.

72. INT. CAB. CAIRO STREET. O/S SHEPHEARD'S HOTEL. DAY
Geoffrey, unshaven, watches as Katharine crosses the street and heads towards the hotel. His expression is terrible, trying to smile, his face collapsed.

캐서린   : 여긴 마치 딴 세상 같아요. 내 말은 전혀 다른
          인생이죠. 여기 오면 난 다른 아내예요.
알마시   : 그래. 이곳에서 당신은 다른 아내야.

노래가 계속되고 그들은 키스한다.

70. 밤. 카이로 거리. 셰퍼드 호텔 앞. 택시. 내부

택시 뒷좌석에서 제프리가 샴페인을 딴다. 샴페인이 넘치고 그는 그것을
들이킨다.

71. 새벽. 카이로 시장. 외부

알마시는 막 개점을 하는 가판대 앞에서 걸음을 멈춘다. 그는 은 골무를
들고 상인에게 가격을 물어본다.

캐서린   : 오, 멋져요. 이게 뭐죠? 골무예요?
알마시   : 응, 아주 오래된 거지. 사프란 향료가 들어 있
          어. 바느질 잘하라고 주는 줄 오해할까 봐.

알마시는 말없이 돈을 꺼내 웃으면서 골무를 캐서린에게 준다.

알마시   : 흥정엔 취미 없소.
캐서린   : 그날 시장까지 날 미행했죠?
알마시   : 당연하지.
캐서린   : 우리 괜찮을까요?
알마시   : 그럼. 괜찮을 거야. 절대로!
캐서린   : 맙소사.

72. 밤. 카이로 거리. 셰퍼드 호텔 앞. 택시. 내부

면도도 하지 않은 제프리는 캐서린이 길을 건너 호텔로 가는 것을 본다.
웃으려 하지만 얼굴이 일그러지면서 괴로운 표정을 짓는다.

■is what I tell myself

내 말은.
내가 내 자신에게 하는 말, 즉 자기 생각
이 그렇다는 뜻이다.

■darling

(형용사로) 멋진, 귀여운.

■saffron

사프란.

■Just in case ~.

혹시 ~할까봐.

■Absolutely.

사막에서 했던 말의 반복이다. 캐서린이
"Yes is a comfort. Absolutely is not."
(그렇다는 말은 위안이 되지만 뒤에 '분
명히'라는 말이 붙으니까 그렇지 않군
요.)이라고 했다.

■Oh, dear.

전에 알마시가 했던 말을 생각하고는
"맙소사."라고 말하는 것이다.

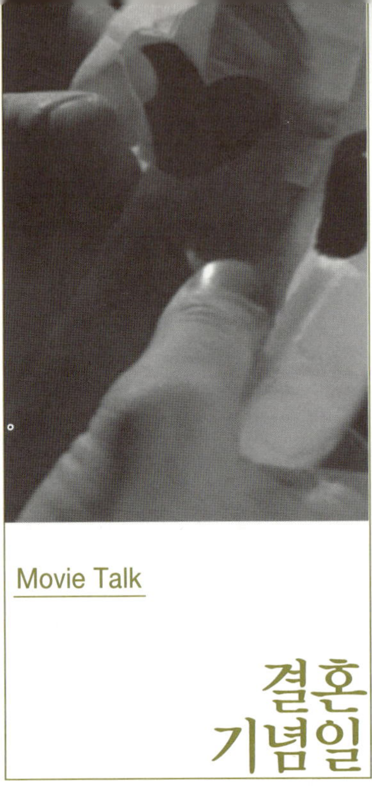

결혼
기념일

영화에는 클리프톤이 결혼 1주년 기념일을 무엇이라고 부르는지 묻는 장면이 나온다. 생일과 마찬가지로 결혼기념일을 축하하는 것은 서양의 오랜 풍습이며 우리에게는 25주년 기념일인 은혼식과 50주년 기념일인 금혼식이 잘 알려져 있지만 각 기념일에는 그것을 상징하는 보석이나 물건이 있다.

1주년 Paper	2주년 Cotton	3주년 Leather	4주년 Linen
5주년 Wood	6주년 Iron	7주년 Wool	8주년 Bronze
9주년 Pottery	10주년 Tin	11주년 Steel	12주년 Silk
13주년 Lace	14주년 Ivory	15주년 Crystal	20주년 China
25주년 Silver	30주년 Pearl	35주년 Coral	40주년 Ruby
45주년 Sapphire	50주년 Gold	55주년 Emerald	60주년 Diamond

Chapter 08

What's under Your Mitten?

장갑 속엔 뭐가 있소?

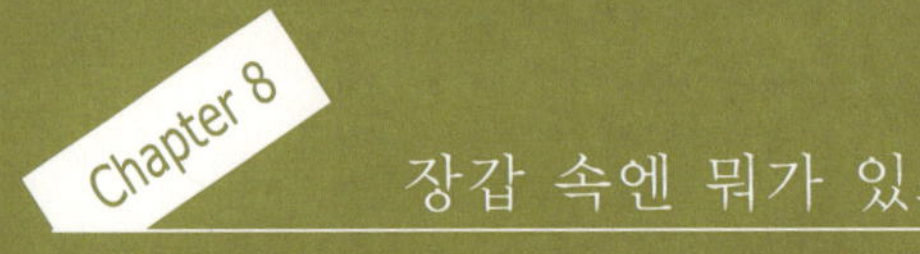

What's under Your Mitten?

시간 01:31:10 ~ 01:40:21

73. INT. THE PATIENT'S ROOM. MORNING

"Cheek to Cheek" leaks into the room from a gramophone that Caravaggio stands over proudly. The patient opens his eyes—is confused, dislocated—and stares blankly at Caravaggio.

CARAVAGGIO : Thought you'd never wake up.

PATIENT : What?

Hana comes in, sleepily, frowns at the gramophone.

HANA : Where did you find that?

CARAVAGGIO : I liberated it.

HANA : I think that's called looting.

CARAVAGGIO : No one should own music. The real question is: Who wrote the song?

PATIENT : Irving Berlin.

73. 아침. 환자의 방. 내부
'뺨에 뺨을 대고'라는 노래가 축음기에서 흘러나온다. 환자는 눈을 뜨고
어리둥절한 채 카라바조를 멍하게 쳐다본다.

카라바조　: 깨어나지 못할 줄 알았소.
환　자　: 뭐요?

한나가 졸린 표정으로 들어와 축음기를 찡그리며 바라본다.

한　나　: 그건 어디서 났어요?
카라바조　: 저걸 해방시켰지.
한　나　: 그건 약탈이라고 하는 것 같은데요.
카라바조　: 음악에 주인이 따로 있나. 진짜 문제는 그 음
　　　　　악을 만든 게 누구냐 하는 거지. 누가 이곡을
　　　　　썼소?
환　자　: 어빙 벌린.

■thought
우리 말로 번역할 때는 '~인 줄 알았다'
로 표현한다.
ex) I thought you were coming late.
　　늦게 오는 줄 알았는데.

■liberate
해방시키다.
훔친 것을 완곡하게 표현함.

■looting
약탈.

CARAVAGGIO : For?

PATIENT : "Top Hat."

CARAVAGGIO : Is there a song you don't know?

HANA : (speaking for him) Nope. He sings all the time.

She goes over to the patient and kisses him gently.

HANA : Good morning. Did you know that? You're always singing.

PATIENT : I've been told before.

HANA : Kip's another one.

Caravaggio changes the record. The patient identifies it immediately.

PATIENT : Wang Wang Blues.

CARAVAGGIO : You're incredible.

74. EXT. MONASTERY GARDEN. MORNING
Hana walks past the tent, and passes Hardy.

HARDY : Good mornin', Miss.

HANA : Hello. You saved my life. I haven't forgotten.

Hardy scoffs.

HANA : I thought you were very, very tall. You seemed so big and... giant. I felt like a child who can't keep her balance.

카라바조 : 어떤 영화에 나온 곡이죠?

환 자 : "Top Hat"

카라바조 : 당신이 모르는 노래도 있소?

한 나 : (대신 대답하며) 없어요. 늘 노래를 부르죠.

환자에게로 가서 부드럽게 키스한다.

한 나 : 잘 잤어요? 그거 알아요? 당신이 늘 노래 부른 다는 거?

환 자 : 전에도 그런 얘길 들었지.

한 나 : 킵도 그래요.

카라바조가 레코드를 바꾼다. 환자가 노래를 금방 알아맞힌다.

환 자 : "Wang Wang Blues"

카라바조 : 믿기 힘든 실력이야.

74. 아침. 수도원 정원. 외부
한나가 텐트를 지나가다가 하디와 마주친다.

하 디 : 안녕하세요?

한 나 : 안녕하세요? 제 목숨을 구해 주셨죠? 잊지 않고 있어요.

하디가 겸연쩍은 웃음을 짓는다.

한 나 : 굉장히 크신 줄 알았어요. 너무 크고 거인처럼 보였거든요. 나는 균형도 잡지 못하는 아기처럼 느껴졌고요.

■ Top Hat.
프레드 아스테어(Fred Astair)가 나오는 유명한 영화 제목.

■ speaking for him
그를 대신해서 대답하며.

■ Nope.
= No.

■ You're incredible.
기가 막히군.

■ I thought you were very tall.
당신 키가 매우 큰 줄 알았어요.
thought는 '~라고 생각했었다'는 뜻이며 우리말로 번역할 때 '~인 줄 알았어요'가 된다. 처음의 생각과 다를 때 많이 사용하는 표현이다.
ex) I thought she was older than me, but actually she was only thirty years old.
그녀가 나보다 나이가 많은 줄 알았는데 실제로는 30세밖에 되지 않았다.

I've been told before.
전에도 그런 말 들은 적 있어요.
A: Your memory is incredible.
당신의 기억력은 놀랍군요.
B: I've been told before.
전에도 그런 말 들은 적이 있어요.

I've been told before.
전에도 그런 말 들은 적 있어요.

HARDY   : A toddler.

HANA   : A toddler.

Kip is washing his hair.

HANA   : My hair was long at some point. I've forgotten what a
                 nuisance it is to wash.

He continues to wash. She holds up the cup of oil.

HANA   : Try this. I found a great jar of it. Olive oil.

KIP   : Thank you. Is this for my hair?

HANA   : Yes, for your hair.

75. INT. THE PATIENT'S ROOM. EVENING
Caravaggio is with the Patient. He sits in the window. He fiddles with the bandages of
his hands.

PATIENT   : There was a general who wore a patch... over a
                 perfectly good eye. The men fought harder for him.
                 Sometimes I think I could get up and dance. What's
                 under your mittens? What's under your mittens?

76. INT. BRITISH HEADQUARTERS. TOBRUK. JUNE 1942. DAY
Air-raid siren. Caravaggio walks through the mangled corridors of British H.Q. and
through a large room crowded with desks. From one of them, a young woman, Aicha,
approaches him.

AICHA   : He's waiting for you. I'll see you tonight?

하 디   : 아장아장 걷는 아이요?
한 나   : 네, 아장아장 걷는 아기요.

킵이 머리를 감고 있다.

한 나   : 나도 한때는 머리를 기른 적 있어요. 머리 감
          는 게 얼마나 귀찮은 일인지 다 잊어버렸어요.

킵이 계속 머리를 감는다. 한나가 올리브유를 치켜든다.

한 나   : 이걸 한번 써 봐요. 올리브유가 잔뜩 들어있는
          큰 병을 찾았어요. 올리브유예요.
킵   : 고마워요. 머리에 바르라고요?
한 나   : 네, 머리에 발라요.

75. 저녁. 환자의 방. 내부

환자와 같이 있는 카라바조, 창가에 앉아 있다. 손의 붕대를 만지작거린다.

환 자   : 멀쩡한 눈에 안대를 한 장군이 있었소. 부하들
          이 그를 위해 더 열심히 싸웠지. 가끔 나도 일
          어나 춤을 줄 수 있을 것 같은 생각이 들어요.
          장갑은 왜 끼고 있소? 장갑 속에 뭐가 있길래?

76. 1942년 6월. 낮. 토브루크. 영국 본부. 내부

공습경보 사이렌. 카라바조는 영국군 사령부의 어지러운 복도와 책상이
가득 찬 큰 방 사이를 걸어간다. 방에서 젊은 여자 아이차가 그에게 다가
온다.

아이차   : 기다리고 계세요. 오늘밤에 만날까요?

■**toddler**
아장아장 걷는 아기.

■**at some point**
어느 시점에서는, 한때는.

■**nuisance**
귀찮은 일.

■**fiddle**
만지작거리다.
'바이올린을 켜다'라는 뜻도 있다. 우리
에게 잘 알려진 〈지붕 위의 바이올린〉의
원제는 "Fiddler on the Roof"이다.

■**patch**
안대.

■**mitten**
벙어리 장갑.

■**H.Q.**
본부.
headquarters의 준말.

Try this.
이걸 한번 써 봐요.
• try는 어떤 대상을 '한번 시험해본다'
  는 의미로 다양한 상황에 사용된다.
ex) Try this sandwich.
    이 샌드위치 한번 먹어봐요.
ex) May I try this shirt on?
    이 셔츠 한번 입어 봐도 돼요?

Try this.

이걸 한번 써 봐요.

77. INT. CORRIDOR OF BRITISH HEADQUARTERS. TOBRUK. DAY
Fenelon-Barnes and Caravaggio make their way down the stairs and to the entrance.

FENELON-BARNES : Look, Moose, we need you to stay in Tobruk. I know it's a bit of short straw, but Jerry's got our maps, you know. And now they're getting their spies into Cairo using our maps. They'll get Rommel into Cairo using our maps. The whole of the desert's like a bloody bus route, and we gave it to 'em! Any foreigner who turned up: "Welcome to the Royal Geographic. Take our maps." Our Madox went mad, you know. Did you know Peter Madox?

CARAVAGGIO : Yeah. Magnificent explorer.

FENELON-BARNES : Thanks, Aicha. And after he found out he'd been betrayed by Almasy. His best friend. Absolutely destroyed the poor sot.

78. EXT. TOBRUK SQUARE. DAY
A crowd of Tobruk civilians—French and Italians among the mostly Arab faces. Their papers are being thoroughly checked by officers sitting at open desks. A woman is dragged along the line by her hair. She's bloodied, and has been tortured, and it's hard to recognize her as the pretty Aicha. Caravaggio doesn't look, stares straight ahead.

GERMAN SOLIDER : Recognize him? British friend?

AICHA : No.

Speaks in German.

77. 낮. 토브루크. 영국 본부의 복도. 내부
페네론 반즈와 카라바조가 계단을 내려가 입구로 걸어간다.

페네론 반즈 : 이봐, 무스, 자네가 토브루크에 남아 줘야겠
네. 내키지 않는 일이란 거 알아. 하지만 지도
가 독일놈들에게 넘어갔어. 그놈들이 지도를
이용해 카이로에 스파이를 보내고 있네. 우리
지도를 이용해 곧 롬멜도 카이로에 투입될 거
야. 사막 전체가 버스 노선처럼 그려졌는데
그걸 그들에게 준 거지. 외국인이 나타나기만
하면 "로얄 지오그라픽에 온 걸 환영합니다.
우리 지도를 가져 가세요"라고 말한 것이지.
매독스는 제정신이 아냐. 피터 매독스 알지?
카라바조 : 네. 대단한 탐험가죠.
페네론 반즈 : 고마워, 아이차. 그리고 알마시에게 배신당한
걸 알고 난 다음에는. 가장 친한 친구가 말이
야. 완전히 신세를 망친 거지.

78. 낮. 토브루크 광장. 외부
토브루크의 민간인들 무리. 대부분을 차지하고 있는 아랍인들 사이에 프
랑스와 이탈리아 사람도 보인다. 책상에 앉은 장교들이 그들의 서류를
철저하게 검사하고 있다. 어느 여인이 머리채를 잡혀 끌려온다. 피투성이
에다 고문을 당해 아름다웠던 아이차로 알아보기가 힘들다. 카라바조는
쳐다보지 않고 앞만 본다.

독일군 : 그를 알아보겠나? 영국인 친구말야.
아이차 : 아니요.

독일어로 말한다.

■ make *one's* way
나아가다.

■ Jerry
독일군.

■ bloody bus route
빌어먹을 버스 노선.

■ turn up
나타나다, 등장하다.

■ the poor sot
불쌍한 놈.

■ Recognize him?
그를 알아보겠어?
• Recognize
(누구를) 알아보다.
ex) I can hardly recognize him.
그를 정말 몰라보겠어.

I know it's a bit of short straw.
내키지 않는 일이라는 거 알아.
• short straw
내키지 않는 일.
모두가 하기 싫은 일이 있을 때 제비
뽑기를 해서 짧은 지푸라기가 걸리
는 사람이 그 일을 하도록 하는 데서
유래된 말.
ex) A few of my guests have drawn
the short straw and agreed to
drive others home after the party.
손님들 중 몇 명이 귀찮은 일을 자
원하여 파티가 끝난 후에 다른 사람
들을 집에 태워다 주었다.

I know it's a bit of short straw.

내키지 않는 일이라는 거 알아.

AICHA : Aaah!

GERMAN SOLIDER : Get up!

AICHA : No!

GERMAN SOLIDER : Get up at once!

AICHA : No, I don't have a boyfriend. I don't know anybody!

An officer watches Caravaggio. As he turns briefly and helplessly out of concern for her, their eyes catch for an instant and the officer sees it.

GERMAN SOLIDER : Halt!

AICHA : No! No!

79. INT. INTERROGATION ROOM. TOBRUK. NOVEMBER 13,1942. DAY

OFFICER : David Caravaggio.

CARAVAGGIO : No.

He pulls out some photographs and starts spreading them out.

OFFICER : This was taken in Cairo at British headquarters. July '41. And so was this. August '41. And this. February '42.

CARAVAGGIO : It's possible. I was buying or selling something. I've been to Cairo many times.

OFFICER : You are a Canadian spy working for the Allies. Code name: Moose.

CARAVAGGIO : Can you get me a doctor? I'm sick. I'm leaking blood!

아이차　：아!

독일군　：일어서!

아이차　：아니에요.

독일군　：어서 일어서!

아이차　：전 애인 없어요. 아무도 모른다구요!

장교가 카라바조를 주시한다. 그녀가 걱정이 되어 잠시 몸을 돌려 쳐다보는 사이 잠시 그들의 눈이 마주치고 그것을 장교가 눈치챈다.

독일군　：정지!

아이차　：안 돼! 안 돼!

79. 1942년 11월 13일. 낮. 토브루크. 심문실. 내부

독일군　：데이비드 카리바조.

카라바조　：아니오.

사진을 꺼내서 펼쳐놓는다.

장　교　：카이로의 영국사령부에서 찍은 사진이야. 41년 7월. 이것도 마찬가지. 41년 8월, 그리고 이것도. 42년 2월.

카라바조　：그럴지도 모르죠. 아마 물건을 사거나 팔고 있었을 거요. 카이로에 자주 갔었소.

장　교　：넌 연합군 편에서 일하는 캐나다인 스파이야. 암호명 '무스'.

카라바조　：의사 좀 불러 주시오. 몸이 아파요. 피를 흘린다고.

■helplessly
어쩔 수 없이.

■out of concern for ~
~가 걱정이 되어.

■halt
'정지'라는 명령어.

■I've been to Cairo many times.
카이로에 여러 번 갔다왔소.
• have been to
~에 갔다오다.

■the Allies
연합군.

■code name
암호명.

Can you get me a doctor?
의사 좀 불러 주시겠어요?
• get A + B
A에게 B를 갖다 주다.
ex) Can you get me some water?
물 좀 갖다 주시겠어요?
What can I get you?
뭘 주문하시겠어요?

Can you get me a doctor?

의사 좀 불러 주시겠어요?

OFFICER : You want a doctor?

CARAVAGGIO : I've been askin' for weeks, months... I don't know.

OFFICER : We don't have a doctor. But we do have a nurse.

CARAVAGGIO : Sure, great. A nurse would be great.

OFFICER : Look, give me something. A name, a code. So we can all get out of this room. I can't think in this heat. It's too hot.

CARAVAGGIO : I slept with a girl. I've got a wife in Tripoli. A girl comes up and points at you, you only see trouble.

The nurse comes in. She is Arab and her head is covered.

OFFICER : I'll tell you what I'm going to do. This is your nurse, by the way. She's Muslim, so she'll understand all of this. What's the punishment for adultery? Let's leave it at that. You're married and you were fucking another woman, so that's, uh.... Is it the hands that are cut off? Or is that for stealing? Does anyone know?

There's silence. The officer turns to Caravaggio.

OFFICER : Well, you must know. You were brought up in Libya, yes?

CARAVAGGIO : Don't cut me.

OFFICER : Or was it Toronto? Ten fingers. How about this? You give me a name for every finger. It doesn't matter who. I get something, you keep something. I'm trying to be reasonable.

장 교 : 의사를 불러달라고?

카라바조 : 벌써 몇 주째 부탁했잖소. 몇 개월인지도 모르지.

장 교 : 의사는 없어. 하지만 간호사는 있지.

카라바조 : 물론, 좋아요. 간호사라도 좋소.

장 교 : 이봐, 말을 해. 이름과 암호명을 대. 그럼 우리 모두 이 방에서 나갈 수 있어. 이 더위 속에서는 생각을 못하겠어. 빌어먹게 덥군.

카라바조 : 어떤 여자와 잠을 잤소. 트리폴리에 아내가 있는데 그 여자가 날 지목하면 말썽날 게 뻔하잖소.

간호사가 들어온다. 머리를 감춘 아랍인 여성이다.

장 교 : 어떻게 할지 말할 테니 잘 들어두시오. 이 사람이 당신 간호사야. 회교도라서 이 모든 걸 이해하지. 간통죄에 대한 처벌이 뭐지? 그 정도로 해 두자고. 결혼한 사람이 딴 여자와 잠을 잤어! 그러니… 손을 잘라야 하나? 아니 그건 도둑질 했을 땐가? 누구 아는 사람?

침묵이 흐른다. 장교가 카라바조를 향해 몸을 돌린다.

장 교 : 당신이 알겠군. 리비아에서 자랐잖아, 안 그래?

카라바조 : 손을 자르지 말아요.

장 교 : 토론토던가? 손가락이 10개이니, 이렇게 할까? 손가락 하나하나 이름을 대. 누구든지 상관없어. 나도 뭔가를 얻고 당신도 손가락을 갖게 되고. 나는 합리적으로 일을 처리하려고 하는 거야.

■ point at *one*
~를 가리키다.

■ Let's leave it at that.
그 정도로 해 두자.

■ bring up
양육하다, 기르다.

■ It doesn't matter who.
그게 누구든 상관 없어.

■ reasonable
이치에 닿는, 합리적인.

I'll tell you what I'm going to do.
어떻게 할지 말해 주지.
• 줄여서 I tell you what.이라고 하기도 하며 이럴 때는 제안하는 의미로 "이렇게 하자."의 뜻이다.
A: What shall we do this weekend? Do you have any good idea?
주말에 뭘 할까? 좋은 생각 있어?
B: I tell you what. Let's visit our parents in my hometown.
이렇게 하자. 고향에 계신 부모님을 찾아뵙는 게 어때.

I'll tell you what I'm going to do.

어떻게 할지 말해 주지.

CARAVAGGIO : Don't cut me. Come on!

OFFICER : Are thumbs fingers? I get no help from these people.

CLERK : Telephone.

OFFICER : I'm sick of this room, I'm sick of this heat and I'm sick of this phone!

The soldier tells him about Geneva Convention in German.

OFFICER : Ah! The Geneva Convention!

CARAVAGGIO : Hey, come on! You can't do that!

OFFICER : Come over here.

CARAVAGGIO : I'll give you names.

OFFICER : You!

CARAVAGGIO : I'll give you names! What names did you say?

The guards come away from the door and press down on Caravaggio's shoulders to prevent him from moving. The nurse approaches.

CARAVAGGIO : Aaah! Aaah! Let me think! Just let me think! I can't think! I know them! Please, let me think! I promise! Oh, please, please, no! What name did you say? I knew them!

OFFICER : Come on!

CARAVAGGIO : I can't think of any names! Not my hands! Oh, dear God!

OFFICER : What are you waiting for?

카라바조 : 자르지 말아요! 제발!

장 교 : 엄지도 손가락인가? 도대체 나를 도와주는 사람이 없군.

조 수 : 전화입니다.

장 교 : 이방이 진절머리가 나. 이 더위도! 이전화도!

병사가 제네바 협정에 대해 독일어로 이야기한다.

장 교 : 오! 제네바 협정!

카라바조 : 이봐요, 제발! 제발 그러지 말아요!

장 교 : 이리와.

카라바조 : 이름을 댈게요.

장 교 : 당신!

카라바조 : 이름을 댈게요. 어떤 이름이었죠?

보초들이 문으로부터 와서 카라바조가 움직이지 못하게 어깨를 누른다. 간호사가 다가온다.

카라바조 : 아! 아! 생각해 볼게요. 생각할 시간을 줘요. 생각을 할 수가 없어요. 그들을 안다니깐요! 생각해 볼게요. 약속해요! 오, 제발, 제발, 안 돼요! 어떤 이름이었죠? 내가 알아요!

장 교 : 어서!

카라바조 : 이름이 하나도 생각이 안 나! 내 손! 안 돼! 오 하느님!

장 교 : 뭘 기다리는 거야?

■ thumb
엄지손가락.

■ Geneva Convention
제네바 조약.
1929년 제네바에서 조약된 적십자 조약. 포로에 대한 보호와 인도적 대우 등에 관해 협약한 내용.

■ You can't do that!
그럴 수는 없어, 그러면 안 돼.

■ What are you waiting for?
뭘 기다리는 거야?

I'm sick of this room.
나는 이 방이 진절머리가 나.
• be sick of
~에 싫증이 나다, 넌더리가 나다.
= sick and tired of
ex) Stop. I'm sick and tired of your complaints.
그만해. 네 불평에 이제 신물이 났어.

I'm sick of this room.

나는 이 방이 진절머리가 나.

CARAVAGGIO : Jesus Christ! Jesus Christ, no! I promise! Oh, please, not my hands! No! Jesus! Jesus! Oh, dear God! Please don't cut me!

OFFICER : Come on!

CARAVAGGIO : Aaah! No! Please don't cut. Don't!

80. INT. THE PATIENT'S ROOM. NIGHT

CARAVAGGIO : The man who took my thumbs? I found him eventually. I killed him. The man who took my photograph? I found him too. That took me a year. He's dead. Another man showed the Germans... a way to get their spies into Cairo. I've been looking for him.

카라바조 : 오 하느님! 하느님, 안 돼요! 약속해요! 오, 제
            발! 내 손! 안 돼! 예수님! 예수님! 오 하느님!
            자르지 말아요!

장 교   : 어서!

카라바조 : 아, 안 돼요! 자르지 말아요! 제발!

80. 밤. 환자의 방. 내부

카라바조 : 내 엄지 손가락을 자른 놈? 끝끝내 찾아서 죽
            였고. 내 사진을 찍은 놈? 그놈도 찾았어. 1년
            걸렸지. 그놈도 죽었어. 독일군이 카이로로
            스파이를 침투시키도록 길을 독일군에게 알
            려준 또 다른 작자. 그를 지금까지 찾고 있소.

■That took me a year.
1년이 걸렸지.

영어의
특징

    2차 대전을 배경으로 아프리카의 사막과 이탈리아의 수도원을 오가며 펼쳐지는 사랑과 모험의 이야기를 다룬 〈잉글리시 페이션트〉는 흥미로운 주제만큼이나 다양한 영어 표현을 보여주고 있다. 우선 랠프 파인즈, 크리스틴 스콧 토마스, 콜린 퍼스 등 주요 배우들이 영국에서 정통 연극을 통해 연기력을 쌓은 배우들이라 품위 있고 고상한 영국식 영어를 선보인다. 알마시와 매독스를 비롯한 국제사막클럽에서 활동하는 사람들이 지식층에다 귀족 계급의 사람이기 때문에 이들이 지니고 있는 역사, 지리, 광물에 대한 지식이 영화의 대사로 표현된다는 점도 이 영화에서 사용되는 영어의 특징이라고 할 수 있다.

　특히 사막과 지형에 관한 내용, 헤로도토스의 역사책에 대한 언급, 바람과 동굴
과 토양에 대한 표현은 다른 영화에서는 볼 수 없는 내용이다. 또 2차 대전을 배경
으로 하고 있기 때문에 계급, 지뢰, 폭탄, 총 등 군대의 활동과 관련된 표현들이 나
오며, 주인공이 환자이고 한나가 간호사이기 때문에 의학적 표현도 볼 수 있다. 그
러나 영화를 보면서 우리의 기억에 남는 대사들은 아무래도 사랑의 표현일 것이다.
마지막에 동굴에서 죽음을 앞두고 캐서린이 남기는 글이나 알마시가 그녀를 회상하
는 애절한 구절들은 두고두고 기억에 남게 한다.

I Can't Do This Anymore

더 이상 못하겠어요

더 이상 못하겠어요

I Can't Do This Anymore

시간 01:40:22 ~ 01:48:28

81. INT. LIBRARY OF THE DEPARTMENT OF EGYPTOLOGY. CAIRO. MARCH 1939. DAY
Madox and Almasy are camped in one corner of the library.

MADOX   : You can't get through there. It's impossible.

ALMASY   : I was looking again at Bell's old maps. If we can find a
way through the Wadi, we can drive straight into
Cairo. This whole spur is a real possibility.

MADOX   : So on Thursday, you don't trust Bell's map, Bell was a
fool, Bell couldn't draw a map. But on Friday, he's
suddenly infallible.

Almasy is surprised by Madox' anger.

MADOX   : And where are the expedition maps?

ALMASY   : In my room.

81. 1939년 3월. 낮. 카이로. 이집트학과 도서관. 내부
매독스와 알마시가 도서관 한쪽 구석에 자리를 잡고 있다.

매독스　：거기는 통과 못해. 불가능해.

알마시　：벨의 지도를 다시 봤는데, 와디까지만 길을 찾
　　　　　으면 거기서 카이로는 곧장 갈 수가 있어. 얼
　　　　　마든지 가능성이 있어.

매독스　：목요일만 해도 벨의 지도를 못 믿겠다고 하고
　　　　　벨이 바보 같아서 지도를 못그린다더니, 금요
　　　　　일엔 갑자기 믿을 만하다는 건가?

알마시는 매독스가 화내는 걸 보고 놀란다.

매독스　：탐험 지도는 어디 있나?
알마시　：내 방에.

■get through
　~를 통과하다.

■spur
　동기, 자극.

■infallible
　결코 틀림이 없는.

MADOX   : Those maps belong to His Majesty's government. They shouldn't be left lying around for any Tom, Dick or Harry to have sight of.

ALMASY   : What on earth's the matter with you?

MADOX   : Don't be so bloody naive! You know there's a war breaking out!

He tosses a slip of paper onto the map, recites its message.

MADOX   : This arrived this morning. "By order of the British Government, all international expeditions to be aborted by May, 1939."

82. CAIRO STREET. DAY
Almasy and Madox walk down this busy and rather narrow street without pavements. Both of them somber.

ALMASY   : What do they care about our maps?

MADOX   : What do we find in the desert? Arrowheads, spears. In a war, if you own the desert, you own North Africa.

ALMASY   : Own the desert? Ha!

Almasy hesitates at a junction, clearly about to take leave of Madox.

ALMASY   : Um, Madox? That place, that place at the base of a woman's throat. You know, the hollow here. Does it have an official name?

MADOX   : For God's sake, man, pull yourself together.

매독스 : 그건 영국 정부 소유야. 이 사람 저 사람 다 볼 수 있게 아무렇게나 보관하면 안돼.

알마시 : 갑자기 왜 난리야?

매독스 : 순진한 소리 작작해! 전쟁이 터졌단 말이야!

그가 종이를 지도 위에 던지고 내용을 불러준다.

매독스 : 오늘 아침에 이런 게 왔어. "영국 정부의 명령으로 1935년 5월까지 모든 국제 탐험을 중단할 것."

82. 낮. 카이로 거리.

알마시와 매독스가 포장이 안 된 좁고 분주한 거리를 걷는다. 둘 다 침울하다.

알마시 : 우리 지도를 가지고 왜 그렇게 신경 쓰는 거야?

매독스 : 우리가 사막에서 뭘 찾아내지? 화살촉, 창 같은 무기야. 전시엔 사막을 소유하는 쪽이 북아프리카를 소유하는 거야.

알마시 : 사막을 소유한다고? 하!

갈림길에서 알마시가 매독스와 헤어지려고 잠시 머뭇거린다.

알마시 : 음, 매독스? 거기 있지… 여자들 목줄기 밑에 움푹 파인 곳 말야. 거기에 공식적인 이름이 있나?

매독스 : 제발 부탁인데, 정신 좀 차려.

■ **Tom, Dick, or Harry**
흔한 영어 이름. '아무나'라는 뜻이다.

■ **have sight of ~**
~을 보다.
catch sight of 라는 표현도 많이 쓰인다.

■ **break out**
(전쟁이) 발발하다.

■ **abort**
중단시키다.
 • abortion
  실패, 좌절, 임신 중절, 낙태.

■ **about to**
막 ~하려고 하다.
= be about to

■ **for God's sake**
제발.

■ **pull yourself together**
진정해, 정신 좀 차려.
흥분하거나 우울해할 때 사람들이 옆에서 할 수 있는 말이다.

What on earth's the matter with you?
 도대체 왜 그래?
 = What the hell's the matter with you?
 • on earth's
  = on earth is
 • on earth라는 말이 우리가 잘 아는 "What's the matter with you?"에 삽입되어 강조를 나타낸다. 약간 짜증이 나거나 이유를 알 수 없는 행동을 상대방이 할 때 하는 표현이다.

What on earth's the matter with you?

도대체 왜 그래?

Shall we be all right?
Yes. Yes. Absolutely.

The man who took my thumbs? I found him eventually. I killed him.
The man who took my photograph? I found him too.
That took me a year. He's dead.
Another man showed the Germans…a way to get their spies into Cairo.
I've been looking for him.

I just want you to know,
I'm not missing you yet.

83. INT. THE OPEN-AIR CINEMA. CAIRO. EVENING
The open-air cinema is just beginning its evening programme. Katharine is waiting for Almasy. She is crying in silence. Almasy arrives and slides in beside Katharine.

ALMASY : Sorry.

KATHARINE : I can't. I can't do this. I can't do this. I can't do this anymore.

She is crying. He puts his arm around her.

84. EXT. GROPPI PARK. CAIRO. EVENING
Almasy and Katharine sit stiffly on an angle bench. They don't speak. Finally,

KATHARINE : I'd better go now. Say goodbye here.

ALMASY : I'm not agreeing. Don't think I'm agreeing, because I'm not.

KATHARINE : Any minute now, he'll find out. We'll barge into someone. It'll kill him.

ALMASY : Don't go over it again, please.

He takes her hands, lays his cheeks into them, then releases them, gets up, walks away. She walks towards the gate. He calls after her.

ALMASY : Katharine? I, I just want you to know I'm, I'm not missing you yet.

KATHARINE : You will. You will.

83. 저녁. 카이로. 야외 영화관. 내부

야외 영화관이 저녁 프로그램을 막 시작한다. 캐서린은 알마시를 기다린다. 소리없이 울고 있다. 알마시가 도착하여 캐서린 옆자리에 앉는다.

알마시 : 미안해.

캐서린 : 못하겠어요. 못하겠어요. 더는 못하겠어요.

운다. 알마시가 그녀에게 팔을 두른다.

84. 저녁. 카이로. 그로피 공원. 외부

알마시와 캐서린은 철제 벤치에 굳은 자세로 앉아 있다. 말이 없다. 마침내.

캐서린 : 가야겠어요. 여기서 헤어져요.

알마시 : 그렇겐 못해. 그건 안 돼. 이렇게 끝낼 순 없어.

캐서린 : 그에게 발각되는 건 시간 문제예요. 누군가에게 언젠간 들키고 말 거예요. 이 사실이 그를 죽게 만들 거예요.

알마시 : 그 얘긴 그만 해, 제발.

그녀의 손을 잡고 뺨을 거기에 댄다. 그리고 손을 놓아주고 일어서서 걸어간다. 문을 향해 걸어가는 캐서린. 알마시가 그녀를 부른다.

알마시 : 캐서린? 문명히 말하지만, 우린 아식 안 끝났어.

캐서린 : 끝났어요, 끝이에요.

■ **slide in**
미끄러지듯 끼어들다.
다른 사람이 눈치채지 못하게 몰래 다가 앉는 동작을 표현했다.

■ **any minute**
언제라도, 지금 당장이라도.
어떤 일이 일어나는 것이 아주 급박하고 분명할 때 사용하는 표현이다.

■ **barge into**
~와 불시에 만나다, 부딪히다.

■ **go over**
반복하다, 일어난 일을 되새기다.

■ **call after**
~의 등 뒤에서 부르다.

I'd better go now.
가는 게 좋겠어요.
= I'd better get going.
I'm afraid it's getting late.
We'd better hurry.

I'd better go now.

가는 게 좋겠어요.

85. INT. AMBASSADOR'S RESIDENCE. CAIRO. 1939. NIGHT
Last seen at the Troops Christmas party, the inner courtyard has been transformed into an elegant outdoor banquet, with band. The Almasy/Madox team is assembled for A farewell dinner. They are waiting for Almasy to arrive, his seat conspicuously empty. He is very late. And then he's there, dangerously drunk, terribly dashing.

ALMASY : I believe I'm rather late.

MADOX : Good. We're all here. A toast to the International Sand Club. May it soon resurface.

THE OTHERS : The International Sand Club.

ALMASY : The International Sand Club: misfits, buggers, fascists and fools. God bless us, every one. Oops! Mustn't say "International." Dirty word, filthy word. His Majesty, der Führer, il duce....

CLIFTON : Sorry. What's your point?

ALMASY : And the people here don't want us. You must be joking. Egyptians are desperate to get rid of the colonials. (to an embarrassed Fouad) Isn't that right, Fouad? Some of their best people getting down on their hands and knees, begging to be spared the Knighthood. (to his host, Sir Hampton) Isn't that right? Hmm? Isn't that right, Sir Ronnie?

Ronnie Hampton shrugs. They're all very uncomfortable. Almasy glares at Clifton.

ALMASY : What's my point? (standing up) Oh, I've invented a new dance. Anybody up for it? It's called... it's called the Bosphorus Hug. Madox? Or Bermann? You'll dance with me? Hmm? Dag. Come on, Daggers.

D'AGOSTINO : Let's eat first. Sit down.

85. 1939년. 밤. 카이로. 대사관저. 내부

크리스마스 때 나왔던 대사관저. 안마당을 밴드가 있는 야외 연회장으로 바꾸어놓았다. 알마시 · 매독스 팀이 마지막 만찬을 위해 모였다. 모두 알마시를 기다리고 있고 그의 빈자리가 눈에 띈다. 많이 늦었다. 그때 그가 엄청나게 술에 취한 채 질주해서 들어온다.

알마시 　 : 내가 너무 늦었군.

매독스 　 : 좋아요. 이제 다 모였군요. 국제 사막 클럽을 위해 건배합시다. 곧 활동을 할 수 있게 되길.

다른 사람들: 국제 사막 클럽을 위하여!

알마시 　 : 국제 사막 클럽을 위하여! 어중이, 떠중이 파시스트, 얼간이들. 모두에게 축복이 있기를. 아차! "국제"란 말은 **빼야죠**. 더럽고 추잡한 말이니까요. 폐하, 총통!

클리프톤 : 미안한데, 요점이 뭔가?

알마시 　 : 여기 사람들은 우릴 원치 않아. 자네 농담하는 거지? 이 사람들은 식민통치자들을 쫓아내려 하지. (당황해하는 푸아드에게) 안 그런가, 푸아드? 일부 지배층이나 설설 기면서 작위 좀 얻어볼까 안달이지. (호스트인 햄프톤경에게) 그렇지 않은가? 음? 안 그런가, 로니 경?

로니 햄프톤은 어깨를 으쓱한다. 그들은 모두 불안한 표정이다. 알마시가 클리프톤을 노려본다.

알마시 　 : 요점이 뭐냐고? (일어서며) 내가 춤을 하나 만들었는데 같이 안 추겠나? 해협 포옹이라 명명했지. 매독스? 베르만? 같이 안 출텐가? 음? 그러지 말고 나와.

다고스티노 : 식사부터 하세, 앉아.

■ toast
건배.

■ misfit
부적합자.

■ Oops!
뭔가 실수하는 행동을 했을 때 지르는 감탄사.

■ der Führer
독일어로 지도자라는 뜻, 히틀러를 가리킴.

■ il duce
수령, 총통, 무솔리니를 가리킴.

■ get rid of
~를 제거하다.

■ get down on *one's* hands and knees
넙죽 기어서.

■ spare
나누어주다, 할애하다.

■ up for it
~의 후보인, ~할 준비가 된.

■ Bosphorus
보스포러스 해협(터키의 유럽 부분과 아시아 부분을 갈라놓는 해협).

> **Isn't that right?**
> 안 그런가?
> 자신이 한 말에 대해 상대방의 동의를 구할 때 사용하는 표현.
> = Don't you agree?
> 　 Wouldn't you say so?
> 　 Don't you think so?

Isn't that right?

안 그런가?

The band is now playing "Manhattan." Almasy, without missing a beat, begins to sing.

ALMASY : They're playing it far too slowly, but these were the words, actually, before they were cleaned up. (a perfect English accent) Might be a song for you, Mrs. Clif....

Madox gets up and pulls Almasy into his chair.

MADOX : You either shut up or go home! You're completely blasted! Sit down!

ALMASY : Absolutely right! Shut up! Shut up! Sorry. Sorry. I'm so sorry. I can't think what came over me. Lashings of apologies... all around.

86. INT. AMBASSADOR'S RESIDENCE. NIGHT
Later, now most of the group are dancing. We see Katharine dancing with Rupert Douglas, enjoying herself. Bermann is there and even Madox is jogging and grinning foolishly. Clifton looks at Katharine who, as the dance ends, excuses herself to go to the cloakroom. Almasy hovers in the shadows, unseen.

87. INT. AMBASSADOR'S RESIDENCE. NIGHT
Katharine comes along the corridors and is suddenly confronted by Almasy, tortured and out of control.

ALMASY : Why were you holding his collar?

KATHARINE : What?

밴드가 "Manhattan"을 연주한다. 알마시가 박자를 놓치지 않고 노래를
시작한다.

알마시 : 연주가 너무 느려. 하지만 그건 청소를 하기
전의 이야기야. (완벽한 영국식 강세로) 이 노래는
저기의… 클리프… 부인…….

매독스가 일어나서 알마시를 의자에 앉힌다.

매독스 : 입 안 닥치려면 집에 가! 자네 정말 완전히 미
쳤군! 어서 앉아!

알마시 : 입 닥쳐야지, 암. 입 닥쳐! 입 닥쳐! 미안, 미안
해요. 미안합니다. 내가 왜 그랬나 몰라. 진심
으로 사과 드려요. 모두에게.

86. 밤. 대사관저. 내부
얼마 후. 대부분의 사람들이 춤추고 있다. 캐서린이 루퍼트 더글러스와
즐겁게 춤추는 것이 보인다. 베르만도 거기 있고 매독스도 우스꽝스러운
웃음을 짓는다. 클리프톤은 춤이 끝나고 캐서린이 외투 옷장으로 가는
모습을 지켜본다. 알마시는 어둠 속에 몸을 숨기고 서성거린다.

87. 밤. 대사관저. 내부
복도를 걸어오던 캐서린은, 괴로운 표정을 하고 자신을 주체 못하는 알
마시와 맞닥뜨린다.

알마시 : 그 녀석 목은 왜 껴안아?
캐서린 : 뭐 말이에요?

■ shut up
입을 닥치다. 공손하지 못한 표현.

■ be blasted
미치다.

■ lashings of
많은.
= plenty of

■ cloakroom
파티장이나 식당에서 옷을 맡아 보관하는 곳.

■ collar
옷깃, 목덜미.

I can't think what came over me.
내게 뭐가 씌었는지 모르겠어.
• 강한 감정이나 욕구가 갑자기 엄습
하여 예기치 않은 행동을 할 때 사용
하는 표현이다.
ex) I'm sorry, I don't know what
came over me.
죄송해요. 내가 왜 그랬는지 모르
겠어요.

I can't think what came over me.

내게 뭐가 씌었는지 모르겠어.

ALMASY : "What?" That boy. That little boy. You were holding his collar. You were gripping his collar. What for? Hmm? Is he next? Are you going to drag him into your little room? Where is it? Is this it?

KATHARINE : Don't do this.

ALMASY : I've watched you. I've watched you at garden parties, on verandas, at the races. How can you... stand there?

KATHARINE : Please.

ALMASY : How can you ever smile, as if your life hadn't capsized?

KATHARINE : You know why?

ALMASY : Dance with me.

KATHARINE : No.

ALMASY : Dance with me. I want to touch you. I want the things which are mine, which belong to me.

KATHARINE : Do you think you're the only one who feels anything? Is that what you think?

알마시	: "뭐냐구?" 아까 그 쪼끄만 놈 말야. 목을 껴안았잖아. 목을 끌어안았지. 왜 그랬냐고? 음? 다음 놈인가 보지? 이젠 그 놈을 당신 방에 끌어들일 모양이지? 어디서? 여기서?
캐서린	: 이러지 말아요.
알마시	: 줄곧 당신을 지켜봤어. 가든 파티에서, 베란다에서, 경마장에서. 어떻게 그럴 수 있지?
캐서린	: 제발.
알마시	: 아무 일 없었다는 듯이, 그렇게 웃음이 나와?
캐서린	: 왠지 알아요?
알마시	: 나와 춤춰.
캐서린	: 싫어요.
알마시	: 나와 춤춰. 당신을 만지고 싶어. 내 것을 갖고 싶어. 당신은 내 거야.
캐서린	: 당신에게만 감정이 있는 줄 알아요? 그렇게 생각해요?

■ What for?
왜? 무슨 이유로?

■ capsize
배가 전복하다, 뒤집히다.

■ You know why?
왜 그런지 알아요?

배우 소개

랠프 파인즈 (Ralph Fiennes)

〈잉글리시 페이션트〉에서 알마시 역을 맡았던 랠프 파인즈는 1963년 12월 22일, 6명의 자녀 중 맏이로 영국 서포크에서 출생했다. 그의 동생 조셉 파인즈도 〈셰익스피어 인 러브〉로 잘 알려진 영화 배우이다. 그는 첼시아 예술디자인대학, 왕립 연극학교를 다녔고, 1987년에 Royal National Theatre, 1988년에 Royal Shakespeare Company에 입단했다. 그의 이름은 원래 레이프 파인즈라고 발음해야 한다. 그는 엠파이어 지가 선정한 세계 100대 스타, 가장 섹시한 스타 100인에 선정되었다. 또한 브로드웨이에서 공연한 〈햄릿〉으로 토니 상을 사상 처음으로 수상한 배우가 되었으며. 멜 깁슨, 케네스 브라나, 케빈 클라인 등이 수상한 적이 있는 윌리엄 셰익스피어 상을 워싱턴 셰익스피어 극단으로부터 받았다. 그가 〈쉰들러 리스트〉에서 연기한 캐릭터는 미국 영화연구소에서 뽑은 영화사 100년의 영웅과 악인에서 악인 15위에 랭크되었다.

콜린 퍼스 (Colin Firth)

〈브리짓 존스의 일기〉로도 우리에게 잘 알려진 콜린 퍼스는 윈체스터 대학의 교수인 아버지와 오픈 유니버시티의 교수인 어머니 사이에서 태어났다. 어릴 때 나이지리아에서 다섯 살까지 보내다가 영국으로 돌아와서 학교를 다녔다. 초크 팜에 있는 드라마 센터에서 2년간 공부하다가 햄릿 역으로 발탁되었다. "Another Country"라는 연극으로 데뷔한 후 이 작품의 영화 각색본에도 출연했다. 〈오만과 편견〉에서 Mr.Darcy 역으로 BAFTA (British Academy of Film and Television Arts) 상에 노미네이트되었다. 2001년에 〈피플〉지가 선정한 '100명의 가장 아름다운 사람'에 뽑혔다. 〈오만과 편견〉과 두 편의 〈브리짓 존스의 일기〉 영화에서 Mr. Darcy 역을 했다. 그가 Darcy 역에 캐스팅되었다는 소식을 듣고 그의 동생이 "그 역은 좀 섹시해야 되는 거 아냐?"라고 못 믿겠다는 반응을 보였다고 한다. 그가 출연한 작품으로는 〈발몽〉, 〈딥 블루 씨〉, 〈셰익스피어 인 러브〉, 〈브리짓 존스의 일기〉, 〈러브 액츄얼리〉, 〈진주 귀걸이를 한 소녀〉가 있다.

Chapter 10 | Kip and Hana

킵과 한나

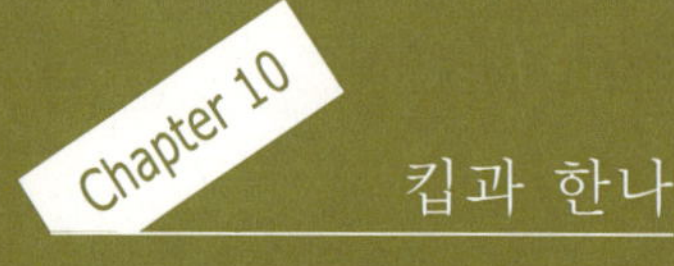

킵과 한나

Kip and Hana

시간 01:48:29 ~ 02:02:58

88. INT. THE PATIENTS' ROOM. NIGHT
Hana sits with the patient. His eyes are full of tears. He opens them, sees her, watching over him. He's embarrassed.

PATIENT   : Why don't you go? Get some sleep.

HANA   : Would you like me to?

He nods. She gets up, then leaves.

HANA   : Good night.

89. INT. THE MONASTERY, LANDING AND STAIRS. NIGHT
Hana leaves the room, then turns and sees a tiny lamp on the floor, it's made from a snail shell and oil. She bends to it curiously, then sees a second lamp half-way down the stairs, then a third further down. She smiles in the light, then follows the trail.

90. EXT. THE MONASTERY CLOISTERS. NIGHT
In the cloisters the trail of shell lamps continues, like tiny cat's eyes. As they reach the hopscotch chalk marks, they outline the squares. Hana hopscotches and then follows the light, disappearing round a corner.

88. 밤. 환자의 방. 내부

환자와 함께 있는 한나. 그의 눈에 눈물이 고인다. 그는 눈을 뜨고 자신을 바라보는 한나를 본다. 겸연쩍어 한다.

환 자　: 이제 그만. 가서 자요.
한 나　: 그러기를 원해요?

고개를 끄덕인다. 한나가 일어서서 나간다.

한 나　: 잘 자요.

89. 밤. 수도원. 계단. 내부

방을 나선 한나는 바닥에 달팽이 껍질과 오일로 만든 작은 램프가 있는 것을 본다. 몸을 숙여 그것을 보다가 계단 아래쪽에 두 번째 램프, 그 아래에 세 번째 램프가 있는 것을 본다. 웃으면서 램프를 따라간다.

90. 밤. 수도원 복도. 외부

램프의 행렬이 작은 고양이의 눈처럼 이어진다. 돌차기 놀이가 그려진 곳에 오자 그 테두리에 램프가 놓여 있다. 한나는 돌차기 놀이를 한 후 불을 따라 코너를 돌아간다.

■Get some sleep.
좀 자요.

■Would you like me to?
내가 잠을 자면 좋겠어요?
= Would you like me to sleep?

■landing
층계 참.

■hopscotch
돌차기 놀이.
바닥에 금을 그어 놓고 돌을 차면서 노는
놀이.

91. INT. THE MONASTERY STABLES. NIGHT
Hana comes through into the stables. The lamps lead her, then they stop. She peers into the shadows.

KIP   : Hana.

She turns to the voice. He steps out of the darkness.

HANA   : Kip.

And he goes to her.

92. INT. THE CHURCH. DAWN

KIP   : Just wait. Don't look at anything yet.

He flings a rope over the rafters. Now Kip circles Hana with the rope, making a sling across her waist and shoulder.

KIP   : Wait.

He lights a smaller flair and hands it to her before disappearing.

HANA   : Kip!

Hana is swung up into the air, her startled yelp echoing around the church. Hana looks at the pictures on the wall.

HANA   : Oh, thank you! Mmm!

Hana kisses Kip.

91. 밤. 수도원 마굿간. 내부

한나가 마굿간 안으로 들어온다. 불빛이 그곳까지 와서 멈춘다. 어둠 속을 들여다본다.

킵 : 한나.

한나가 목소리를 향해 몸을 돌린다. 킵이 어둠 속에서 나온다.

한 나 : 킵.

킵이 그녀에게 다가간다.

92. 새벽. 성당. 내부

킵 : 기다려요. 아직 아무것도 보지 말아요.

킵은 로프를 서까래에 건다. 그리고 한나의 어깨와 허리에 로프로 멜빵을 한다.

킵 : 잠깐만.

작은 조명탄을 켜서 그녀에게 준 후 사라진다.

한 나 : 킵!

한나가 놀라서 지르는 비명이 교회에 울려 퍼지면서 공중에 매달린다. 한나는 벽화를 구경한다.

한 나 : 정말 고마워요, 음!

한나가 킵에게 키스한다.

■fling
던지다.

■sling
멜빵.

■yelp
비명.
'개가 캐캥하고 짖는 소리'도 yelp라고 한다.

Just wait.
잠깐 기다려.
= Wait a minute.
Wait a second.
A: Why is it taking so long?
왜 이렇게 오래 걸려요?
B: Be patient. Just wait a little longer.
참아. 조금만 더 기다려 봐.

Just wait.

기다려요.

93. INT. KIP'S TENT. NIGHT
Hana lies over Kip in bed.

HANA	: If one night I didn't come to see you, what would you do?
KIP	: I'd try not to expect you.
HANA	: Yes, but if it got late and... I hadn't shown up?
KIP	: Then I'd think there must be a reason.
HANA	: You wouldn't come to find me?
KIP	: Hmm.
HANA	: That makes me never want to come here. Then I'd tell myself, he spends all day searching. In the night, he wants to be found.
KIP	: I do. I do want you to find me. I do want to be found.

94. EXT. THE MONASTERY STABLES. EARLY MORNING
Hardy knocks cautiously on the door of the stables. Eventually Hana opens the door.

HARDY	: I was looking for Lieutenant Singh.
HANA	: He's sleeping.
HARDY	: Only we've got to go to work.
HANA	: I'll tell him. What is it? Is it a mine?
HARDY	: It's a bomb by a viaduct.
HANA	: Does he have to go?
HARDY	: Beg pardon?
HANA	: What if you couldn't find him? Sergeant, not today. Not this morning.

93. 밤. 킵의 텐트. 내부
한나가 킵 위에 누워 있다.

한 나 : 어느 날 밤 내가 당신을 보러 안 오면, 어떻게 할 거예요?

킵 : 안 기다리려고 애쓸 거요.

한 나 : 어쨌든 밤이 늦도록 안 나타나면요?

킵 : 그럴만한 이유가 있나 보다 하겠지.

한 나 : 날 찾으러 오지 않을 거예요?

킵 : 음.

한 나 : 그럼 여기 안 오고 싶을 거예요. 그리곤 혼자 생각하겠죠. 그인 낮에 찾는 일을 하니까, 밤엔 누군가가 자길 찾아 주길 원하는 거야.

킵 : 그래. 나는 당신이 나를 찾아 주길 원해. 당신이 나를…….

94. 이른 아침. 수도원 마굿간. 외부
하디가 마구간 문을 조심스럽게 두드린다. 마침내 한나가 문을 연다.

하 디 : 킵 중위님 계세요?

한 나 : 주무시는데요.

하 디 : 일하러 가야 되는데.

한 나 : 전해 드리죠. 왜죠? 지뢰 때문인가요?

하 디 : 다리에 폭탄이 있어요.

한 나 : 그이가 꼭 가야 하나요?

하 디 : 뭐라구요?

한 나 : 그를 찾을 수 없으면 어떻게 할 거예요? 오늘 아침엔 안 돼요.

■ show up
나타나다, 등장하다.

■ he wants to be found
남이 자기를 찾아주기를 원하다.

■ only
접속사로 사용되면 '다만 ~입니다'의 뜻이다. 여기서도 I don't want to disturb him이라는 말이 앞에 생략되어 있다.
ex) I would help you with pleasure, only I am too busy.

■ viaduct
고가교, 육교.

What would you do?
어떻게 할 거예요?
• 어떤 상황을 가정하고 그 상황에서 상대방이 어떻게 할 것인가를 묻는 표현.
ex) If your proposal were not accepted by the committee, what would you do?
당신의 제안이 받아들여지지 않는다면, 어떻게 하실 거예요?

What would you do?

어떻게 할 거예요?

KIP	: What's happening? Am I needed?
HARDY	: Afraid so, Sir.
HANA	: Don't go. I'm frightened.
KIP	: This is what I do. I do this every day.

95. EXT. A VIADUCT NORTH OF THE MONASTERY. DAY
kip is lowered by a pulley into the shaft the sappers have made around the bomb.

KIP	: Hardy! Serial number K-K-I-P... 2-6-0-0.
HARDY	: K-K-I-P 2600, Sir! I'll get the oxygen.

96. INT. BOMB SHAFT. DAY
Suddenly there's a violent tremor. The ground is shuddering, and the bomb slips horribly.

KIP	: Hardy, what's happening?
HARDY	: Can't see, Sir! It's from the road!

The tanks are rumbling towards the Viaduct. Horns start sounding. Hardy, below, bellows at his men above for explanation.

HARDY	: Corporal? (Panting)
DADE	: Tanks, Sir! I don't know what it's about!
HARDY	: Stop 'em!
DADE	: Stop! Stop!
KIP	: Hardy!

킵　　　: 날 부르러 온 건가?

하 디　: 그렇습니다.

한 나　: 가지 말아요, 무서워요.

킵　　　: 걱정 말아요. 매일 하는 일인걸.

95. 낮. 수도원 북쪽 고가도로. 외부

폭탄 주위에 공병들이 만든 통로로 킵이 도르래를 타고 내려간다.

킵　　　: 하디! 일련번호 적어. K-K-I-P 2-6-0-0.

하 디　: K-K-I-P 2600. 산소통을 가져올게요.

96. 낮. 폭탄이 설치된 수직갱. 내부

갑자기 격렬한 진동이 울린다. 땅이 떨리면서 폭탄이 미끄러진다.

킵　　　: 하디? 무슨 일인가?

하 디　: 모르겠어요. 도로 쪽인 것 같아요!

탱크들이 다리 쪽으로 우르르 몰려온다. 경적이 울린다. 하디가 밑에서
위에 있는 부하들에게 설명을 요구한다.

하 디　: **상병!** (숨을 헐떡이며)

데이드　: 탱크가 와요! 무슨 일인지 모르겠어요!

하 디　: 못 오게 막아!

데이드　: 거기서요! 정지!

킵　　　: 하디!

■ **That is what I do.**
내가 하는 일이 바로 그건데.

■ **pulley**
도르래.

■ **serial number**
일련 번호, 물건이 제작될 때 붙는 번호.
군대 용어로는 '군번'이라는 뜻이다.

■ **What's happening?**
무슨 일이야?

Afraid so.
죄송하지만 그렇습니다.
= I'm afraid that you are needed.
• 상대방이 원하지 않은 상황이지만
사실을 말해야 할 때 afraid를 사용
한다.
ex) I'm afraid you've got to go. He'll
be terribly disappointed.
미안하지만 당신이 가야할 것 같
아. 그가 너무 실망할 거야.
I'm afraid you'll have to come
back tomorrow.
죄송하지만 내일 다시 오셔야겠는
데요.

Afraid so.

죄송하지만 그렇습니다.

Three sappers run across the bridge towards the oncoming procession. They wave their orange flags, the tanks wave back with their flags.

DADE	: Stop! Stop!
HARDY	: What is this, a bloody carnival?
KIP	: The fuse has snapped!
HARDY	: What's happened? Is it armed?

Cheering continues.

HARDY	: Hang on a second. I'll be right with you. Can you see the detonator, Sir? You've got to cut it, Sir. That frost won't last.
DADE	: Stop! Stop! Slow down!

Cheering continues. Boards are creaking.

DADE	: Stop! Stop! Slow down!
KIP	: Go away!
HARDY	: Yes, Sir.
KIP	: This is making me incredibly angry.
HARDY	: I know, Sir. Watch out! That'll burn!
KIP	: Ow!
HARDY	: Can you feel 'em? Cut it, Sir. You've gotta cut it!
KIP	: I don't even know if this is the right wire. Choose. Just choose a wire and cut it.

세 명의 공병대원이 다리를 가로질러 다가오는 행렬을 향해 달려간다.
그들이 오렌지색 깃발을 흔들자 탱크에서도 자기들의 깃발을 흔든다.

데이드	: 정지! 정지!
하 디	: 무슨 축제라도 한대?
킵	: 퓨즈가 끊겼어.
하 디	: 어떻게 된 거죠? 작동 상태예요?

환호가 계속된다.

하 디	: 기다리세요. 내려갈게요. 뇌관이 보여요? 잘라야 해요. 온도가 높아질 거예요.
데이드	: 정지! 정지! 속도를 줄여.

환호가 계속된다. 판자가 삐걱댄다.

데이드	: 정지! 오면 안 돼! 서요!
킵	: 저리 비켜!
하 디	: 네, 중위님.
킵	: 정말 열 받게 하는군.
하 디	: 누가 아니랍니까. 조심하세요! 델지 몰라요.
킵	: 젠장!
하 디	: 찾았어요? 어서 자르세요. 어서요!
킵	: 어느 걸 잘라야 하지? 고르자. 아무거나 잘라보는 수밖에.

■oncoming
맞은편에서 오는.
• oncoming vehicle
  맞은편에서 오는 차량.

■snap
(툭) 끊다.

■hang on
버티다, 견디다.

■That frost won't last.
냉각이 오래 가지 않을 거예요.
폭탄의 온도가 올라가지 않도록 뇌관 부분을 냉각시켜 놓은 것이 곧 녹을 것이라는 뜻이다.
• last
  지속하다.

■Watch out!
조심해요.
= Look out! = Be careful!
ex) You have to watch out because there are land mines all over the place.
사방에 지뢰가 있으니 조심해야 돼.

■Can you feel them?
만져져요? / 손으로 느낄 수 있어요?

I'll be right with you.
곧 갈게요.
• 이 표현은 가게에서 다른 손님을 상대하고 있는 점원이 잠깐 기다리라고 할 때도 사용된다.
A: I've been waiting here for five minutes.
  5분 동안 기다렸어요.
B: Sorry. I'm waiting on another customer. I'll be right with you.
  죄송해요. 다른 손님을 상대하느라고요. 곧 갈게요.

I'll be right with you.
곧 갈게요.

Tanks stop. There's a snip. Then nothing. Then Kip laughs at Hardy.

HARDY	: Get a blanket! Dade, get a blanket for lieutenant!
DADE	: Sarge! Sarge! It's over, Sir! It's over! Jerry's surrendered!
HARDY	: Yeah-ha!
DADE	: (to Kip) Sir, congratulations.
HANA	: Kip? Kip? Kip!
HARDY	: Hey, we're goin' home!

97. INT. THE PATIENT'S ROOM. NIGHT

HANA	: It's raining.

98. EXT. THE MONASTERY. NIGHT
Hana, Caravaggio, Hardy, and Kip carry the patient on the litter and run around in the rain.

99. INT. THE PATIENT'S ROOM. NIGHT
A victory celebration party. Caravaggio is dancing with Hana.
The gramophone plays Frank Sinatra. Kip sits in the window and the patient has a beaker of wine.

HANA	: Kip, come and dance with us.
KIP	: Later.
HANA	: Oh, come on. Clap now.
PATIENT	: Yeah.

탱크가 멈춘다. 자르는 소리. 그리고 아무 일도 일어나지 않는다. 킵이 하디를 보고 웃는다.

하 디 : 담요 가져와! 데이드, 중위님께 담요를 갖다 드려!

데이드 : 전쟁이 끝났대요! 끝났어요! 독일놈들이 항복했대요.

하 디 : 야호!

데이드 : (킵에게) 축하드려요 중위님.

한 나 : 킵? 킵? 킵!

하 디 : 이제 집에 간다.

97. 밤. 환자의 방. 내부

한 나 : 비가 와요.

98. 밤. 수도원. 외부

한나, 카라바조, 하디, 킵이 환자를 들것에 싣고 쏟아지는 빗속을 흥겹게 뛰어다닌다.

99. 밤. 환자의 방. 내부

승리 축하 파티. 카라바조는 한나와 춤을 춘다. 축음기에서 프랭크 시내트라 노래가 연주된다. 킵이 창가에 앉아 있고 환자는 와인 잔을 들고 있다.

한 나 : 킵, 같이 와서 춰요.

킵 : 나중에.

한 나 : 어서요. 박수 쳐요.

환 자 : 와우.

■snip
싹둑 자름.

■sarge
sergeant를 구어체로 부르는 말.

■surrender
항복하다.

■litter
들것.

■run around
이리저리 뛰어다니다.

It's over.
끝났어요.
• 다른 표현으로는 It's finished.
A: How did you do on your exam?
시험 어떻게 봤니?
B: I don't know. I'm just glad that it's finished.
몰라. 끝났다는 것만으로도 기뻐.

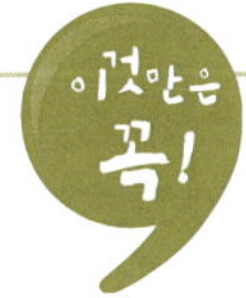

It's over.

끝났어요.

100. VILLAGE SQUARE. NIGHT
A tiny piazza where the sappers and the villagers are having their own, more raucous, victory festa. They sing and shout.

HARDY : Here comes the bomb squad!

HARDY'S ASSISTANT : Go on, Sergeant Hardy!

Cheering and there's Hardy, stripped to some exotic underpants, clamber up the statue in the middle of the fountain. He tries to hang the Union Jack flag on the tip of the outstretched sword.

HARDY : Bring 'em home!

ALL : Hardy! Hardy! Hardy!

101. INT. THE PATIENT'S ROOM. NIGHT
Hana and Caravaggio are still dancing.
Explosion.
Kip glances for an instant out of the window.

HANA : What was that?

She is spinning with Caravaggio. When she comes round again, Kip has gone.

102. VILLAGE SQUARE. ITALY 1945. NIGHT
Kip's motorbike skids into the tiny piazza.
A military ambulance is already there. Dade and Spalding are presiding as the paramedics take two bodies into the rear of the truck. Spalding salutes Kip, who waves his salute away, just wanting to know what happened.

SPALDING : Sergeant Hardy, Sir. It was booby-trapped. They was

runnin' up the Union Jack, Sir, up on that statue. It just

went off, Sir.

DADE : Sergeant Hardy climbed up, Sir, just for a lark, Sir. It

should've been me. It was my idea.

SPALDING : Sir, you don't wanna look.

100. 밤. 마을 광장.
공병대와 마을 사람들이 자신들만의 떠들썩한 승리 파티를 벌이는 작은 광장. 노래를 부르고 고함을 지른다.

하 디　　　: 폭탄 해체반이 나가신다!

하디의 조수: 하디 상사님, 어서 하세요!

환호. 이국적인 속옷이 보이도록 옷을 벗은 하디가 분수 한가운데 있는 동상에 올라간다. 뻗어있는 칼 끝에 영국 국기를 매달려고 한다.

하 디　　　: 이제 집에 간다!

사람들　　: 하디! 하디! 하디!

101. 밤. 환자의 방. 내부
한나와 카라바조는 계속 춤을 춘다.
폭발음.
킵이 잠시 창밖을 내다본다.

한 나　　　: 뭐죠?

한나는 카라바조와 빙빙 돌며 춤을 춘다. 한나가 한바퀴 돌았을 때 킵은 이미 사라지고 없다.

102. 1945년. 밤. 이탈리아. 마을 광장.
킵의 오토바이가 작은 광장에 미끄러져 들어온다.
군용 앰뷸런스가 이미 와 있다. 데이드와 스폴딩은 위생병들이 2구의 시체를 트럭 뒤에 싣는 것을 지켜보고 있다. 스폴딩이 경례를 하자 킵은 뿌리치면서 경위를 묻는다.

스폴딩　　: 하디 상사예요. 폭탄이 숨겨져 있었어요. 국기를 걸기 위해 동상에 올라갔다가, 숨겨 둔 폭탄이 터졌어요.

데이드　　: 재미로 올라갔다가 그만. 차라리 제가 죽었어야 했는데. 제가 그러자고 했어요.

스폴딩　　: 보지 마세요.

■**piazza**
(이탈리아 도시의) 광장.

■**raucous**
떠들썩한, 소란한.

■**festa**
잔치, 축제.

■**the Union Jack flag**
영국 국기.

■**skid**
미끄러지다.
자동차 사고가 났을 때 도로에 남겨진 skid mark(타이어가 미끄러진 자국)로 사고 원인을 조사하기도 한다.

■**paramedic**
위생병.

■**booby-trap**
~에 위장 폭탄을 설치하다.

■**go off**
폭발하다.

■**just for a lark**
장난 삼아, 재미 삼아.

■**You don't wanna look.**
보고 싶지 않을 거예요, 보지 마세요.

Here comes the bomb squad.
폭탄 해체반이 나가신다.
• here comes ~
~등장.
사람들의 주의를 끌기 위해 Here를 제일 앞에 위치시켜 말한 표현이다.
ex) Here comes the bride!
신부 등장.
Here comes your husband.
네 남편이 여기 오는구나.

Here comes the bomb squad.

폭탄 해체반이 나가신다.

Kip steps into the back of the ambulance, bends over both bodies, does look, then comes out, past the weeping girl.

KIP : Ooh. Who's that girl?

DADE : His fiancee, Sir.

KIP : Hardy's?

DADE : He kept it a bit dark.

103. EXT. KIP'S TENT. EVENING
Hana knocks on the door of Kip's room.

HANA : Kip? Kip, it's me. I'm so sorry about what happened. Can I talk to you? Kip? Kip, why won't you talk to me? Oh, Kip. Oh, let me come in!

Kip sits in silence.

킵은 앰뷸런스 뒤로 가서 2구의 시체 위로 몸을 숙여 들여다보고 나와서 울고 있는 여자 옆을 지나간다.

킵   : 저 여자는 누군가?
데이드   : 약혼녀입니다.
킵   : 하디의 약혼녀?
데이드   : 비밀로 했었죠.

103. 저녁. 킵의 텐트. 외부
한나가 킵의 방을 노크한다.

한 나   : 킵? 킵, 나예요. 그런 일이 있어서 정말 마음이
            아파요. 얘기 좀 해요. 킵? 왜 나하고도 이야
            기하지 않으려는 거예요? 오, 킵. 들어가게 해
            줘요.

침묵 속에 앉아 있는 킵.

■He kept it a bit dark.
그 사실을 숨겨 두었다.

Can I talk to you?
이야기 좀 할까요?
보통 이 표현은 다른 사람에게 공손하게 말을 걸면서 대화를 시도할 때 사용한다.
• 다른 표현으로는
I hope you don't mind my asking, but haven't we met before?
죄송하지만 전에 만난 적 없나요?
I'm sorry to trouble you, but can I talk to you for a minute?
귀찮게 해서 죄송하지만 잠시 이야기 해도 될까요?

Can I talk to you?

이야기 좀 할까요?

원작자 마이클 온다체

온다체는 1943년 12월 9일, 스리랑카의 콜롬보에서 출생했다. 그의 아버지는 고무와 차 농장의 감독이었고 말년에는 양계장을 운영했다. 보통 때는 유머러스하고 부드러웠으나 술에 취하면 폭력적이 되는 아버지였다. 네덜란드계 어머니가 빅토리아조(朝) 시를 좋아하고 소규모 댄스와 연극학교를 운영하던 사람이어서 그는 어머니에게서 문학적 영향을 받았다. 다섯 살 때 부모님의 이혼 후 영국으로 건너가 어머니와 함께 살면서 학교를 다니다가 강압적인 분위기가 싫어 캐나다로 이민을 가서 퀘벡에 있는 비숍 대학을 다니면서 문학을 공부했고 이때부터 시를 쓰기 시작했다. 토론토 대학에서 학부를 마쳤고 이때 엡스타인 상 시부문에서 수상했다.

그는 퀸즈 대학에서 석사 과정을 거친 후 웨스턴 온타리오 대학에서 강의하다가 글렌든 대학으로 옮겨서 현재 캐나다와 미국 문학을 강의하고 있다. 1978년에 25년 만에 고향으로 돌아가서 자신의 뿌리를 만나고 이것이 "Running in the Family"(1982)라는 책으로 나왔다. 구겐하임 재단의 지원을 받아 "In the Skin of a Lion"을 썼으며 이 소설에는 사막에 추락하는 남자의 이야기가 나온다. 이것이 '영국인 환자'의 모태가 되었으며 이 소설에는 한나와 카라바조 이야기도 등장한다. "The English Patient"라는 제목을 붙인 이유에 대해 작가는 기억에 사로잡혀 서서히 죽어가는 대영제국에 대한 메타포로 영국인 환자를 묘사하고 싶었다고 말한다. 이 소설은 1992년에 부커 상을 수상했고 앤터니 밍겔라 감독의 영화로 1996년에 아카데미 9개 부문에서 수상했다.

| Chapter 11 | I Don't Want to Die in the Desert

사막에서 죽고 싶지 않아요

사막에서 죽고 싶지 않아요

I Don't Want to Die in the Deser

시간 02:02:59 ~ 02:22:11

104. INT. THE PATIENT'S ROOM. NIGHT
The patient's eyes open to see Caravaggio at the morphine.

PATIENT : Hana tells me you're leaving.

CARAVAGGIO : There's going to be trials. They want me to interpret. Don't they know I'm allergic to courtrooms?

He delivers the injection. The patient sighs. Caravaggio takes off his jacket. A pistol is stuck in his waistband. The patient sees it.

CARAVAGGIO : I come across the hospital convoy. They're looking for this stuff. This nurse, Mary, tells me about you and Hana... hiding in some monastery in.... What do you call it? Retreat?

He administers his own injection, using his teeth grip the sleeve.

104. 밤. 환자의 방. 내부
환자가 눈을 떠서 모르핀을 놓는 카라바조를 바라본다.

환 자 : 한나가 당신이 떠날 거라고 하더군.

카라바조 : 재판이 열릴 거요. 나더러 봉익을 헤 달래요.
내가 법정이라면 알레르기 반응을 보인다는
걸 모르나?

주사를 놓는다. 환자가 한숨을 쉰다. 카라바조가 재킷을 벗는다. 허리에
권총을 차고 있다. 환자가 그것을 본다.

카라바조 : 의무 호송대를 우연히 만났소. 그들이 이걸 찾
더군. 메리라는 간호병이 당신과 한나 이야기
를 해주더군. 이걸 뭐라고 하나, 수도원인지
은둔처인지라는 곳에 숨어 있다고.

이빨로 소매를 물고 자기 팔에 주사를 놓는다.

■allergic
allergy의 형용사형.
알레르기 반응을 보이는.

■come across
마주치다, 우연히 만나다.

■retreat
은신처, 피하는 장소.

CARAVAGGIO : How you came out of the desert... and you were burned and you didn't remember your name, but you knew the words to every song that ever was... and you had one possession: a copy of Herodotus. And it was filled... with letters and cuttings. Then I knew it was you.

PATIENT : Me?

CARAVAGGIO : I saw you... writing in that book at the embassy in Cairo... when I had thumbs and you had a face... and a name.

PATIENT : I see.

CARAVAGGIO : Before you went over to the Germans, before you found a way to get Rommel's spy across the desert and inside British headquarters. He took some pretty good photographs. I saw mine in that torture room in Tobruk. So, it made an impression.

PATIENT : I had to get back to the desert. I'd made a promise. The rest meant nothing to me.

CARAVAGGIO : What did you say?

PATIENT : That the rest... meant nothing to me.

CARAVAGGIO : There was a result to what you did. It wasn't just another expedition. It did this. If the British hadn't unearthed that photographer, thousands of people could have died.

PATIENT : Thousands of people did die. Just different people.

카라바조 : 당신이 어떻게 사막에서 나왔으며 화상을 입
은 것과 이름을 기억 못하는 것. 하지만 노래
라는 노래는 가사를 모두 알고. 유일한 소지
품으로는 헤로도토스의 책을 갖고 있다더군.
편지와 스크랩이 잔뜩 든… 그래서 당신인걸
알았소.

환 자 : 나?

카라바조 : 카이로 대사관에서 당신이 그 책에 끄적이는
걸 봤소. 그때는 내게 엄지가 있었고 당신에
게는 얼굴과 이름이 있었지.

환 자 : 그래요.

카라바조 : 당신이 독일놈들에게 넘어가기 전에는, 롬멜
의 스파이들이 사막을 건너 영국 사령부로 가
는 길을 알려 주기 전엔! 놈이 사진을 잘 찍었
어. 토브루크의 고문실에서 내 사진을 봤소.
강한 인상이 남았지.

환 자 : 난 약속을 지키기 위해 사막으로 돌아가야 했
소. 나머지는 중요하지 않았어.

카라바조 : 뭐라고?

환 자 : 나머지는 하나도 중요하지 않았소.

카라바조 : 당신이 한 일은 엄청난 결과를 남겼어. 그냥
또 한번의 여정이 아니었어. 이걸 봐! 영국 측
에서 그 사진사를 못 잡았으면 수 천 명이 죽
을 수도 있었어!

환 자 : 실제로 수 천 명이 죽었소. 다른 사람들일 뿐
이지.

■ It made an impression.
강한 인상을 주었다.

■ The rest meant nothing to me.
나머지는 내게 의미가 없어요.

■ unearth
발굴하다, 찾아내다.

I knew it was you.
당신인 줄 알았어요.
• knew는 자신이 예상했던 것이 맞았
을 때 사용하는 표현이다.
I knew it!
그럴 줄 알았어.
A: I finally got admission to the
university.
마침내 입학허가서가 왔어.
B: Congratulations! I knew that you
could succeed this time.
축하해. 이번에는 네가 성공할 줄 알
았어.

I knew it was you.

당신인 줄 알았어요.

CARAVAGGIO : Yes, like Madox.

PATIENT : What?

CARAVAGGIO : You know he shot himself, your partner, when he found out you were a spy.

PATIENT : What?

The patient breathing heavily.

PATIENT : Madox thought I was a spy? No. No, I was never a spy.

105. EXT. BASE CAMP AT THE CAVE OF SWIMMERS. 1939. DAY

MADOX : It's ghastly. It's like a witch hunt. Anybody remotely foreign is suddenly a spy. So watch out.

ALMASY : Right.

MADOX : We didn't care about countries, did we? Brits, Arabs, Hungarians, Germans.... None of that mattered, did it? It was something finer than that.

ALMASY : Yes, it was.

MADOX : I'll leave the plane in Kufra oasis. So, if you need it.

ALMASY : Right.

MADOX : Hard to know how long one's talking about. We might all be back in a month or two.

Madox kneels and takes a handful of sand, puts it into his pocket. Almasy puts out a hand. This is a moment of great emotional weight for them both, conducted as if nothing were happening.

카라바조 : 그랬지, 매독스처럼!

환 자   : 뭐?

카라바조 : 그는 자살했소. 당신이 스파이란 사실을 알고
          는 말이오.

환 자   : 뭐라구?

환자의 숨이 거칠어진다.

환 자   : 매독스가 날 스파이로 생각했어? 아냐. 난 결
          코 스파이가 아니었어.

105. 1939년. 낮. 헤엄치는 사람들의 동굴의 베이스 캠프. 외부

매독스   : 끔찍한 일이야. 마녀 사냥 같아. 외국사람이면
          다 스파이로 몰다니. 자네도 조심해.

알마시   : 알았어.

매독스   : 우린 국적 따윈 상관없었잖아, 그렇지 않나?
          영국인. 아랍인. 헝가리인, 독일인……. 그런
          건 문제가 되지 않았지. 그것보다 더 고귀한
          것을 추구했었지.

알마시   : 맞아, 그랬지.

매독스   : 쿠프라 오아시스에 비행기를 두고 갈거야. 필
          요하면 써.

알마시   : 알았네.

매독스   : 얼마나 걸릴지 누가 알겠나! 한두 달 만에 다
          돌아올지.

매독스는 무릎을 꿇고 모래를 한줌 집어 주머니에 넣는다. 알마시가 손
을 내민다. 두 사람 모두에게 정신적으로 힘든 순간이지만 아무 일도 없
는 것처럼 행동한다.

■ *one's* shot *oneself*
  총으로 자살했어요.

■ witch hunt
  마녀 사냥.

■ remotely foreign
  조금이라도 외국인 기미가 있으면, 외국
  인 낌새만 나도.

■ None of that mattered.
  그건 아무런 문제가 되지 않아.

■ Hard to know how long one's
  talking about.
  얼마나 걸릴지 알 수 없어.
  앞에 It's가 생략되어 있다.

So watch out.
  그러니 조심해.
  • 어떤 일에 대해서 조심하라는 경고
    를 할 때 이 표현을 쓴다.
  • 다른 표현으로는 Look out. Be
    careful이 있다.
  ex) Watch out for the cars when you
      are crossing the street.
      길을 건널 때는 차를 조심해라.

So watch out.

그러니 조심해.

ALMASY   : Hmm.

MADOX   : I have to teach myself not to read too much into everything. It comes of too long having to read so much into hardly anything at all.

ALMASY   : Good-bye, my friend. There is no God. But I hope someone looks after you.

Madox clambers into his plane, then remembers something, jabs at his throat.

MADOX   : In case you're still wondering, this is called a suprasternal notch.

Almasy nods, goes to the propeller.

MADOX   : Come and visit us in Dorset when all this nonsense is over. You'll never come to Dorset.

106. INT. THE PATIENT'S ROOM. NIGHT

CARAVAGGIO : So, you didn't know Madox shot himself.

PATIENT   : No.

CARAVAGGIO : And you didn't kill the Cliftons?

He is breathing heavily.

PATIENT   : Sh... she... she die. She... I can't. Well, maybe I did. Maybe I did.

알마시 : 음.

매독스 : 매사에 복잡하게 생각하는 버릇부터 고쳐야겠어. 아무 것도 아닌 일에 너무 큰 의미를 부여해왔기 때문에 그런 것 같아.

알마시 : 잘 가게, 친구. 신은 없지만, 누군가 자네를 지켜 주길 바라네.

매독스가 비행기에 오르다가 뭔가를 기억하고 목을 가리킨다.

매독스 : 아직도 궁금해 할지 몰라 말하네. 여긴 쇄골 절흔이라고 해.

알마시가 고개를 끄덕이고 프로펠러 쪽으로 간다.

매독스 : 이 말도 안 되는 짓거리가 끝나면 도싯에 한번 오게. 자네가 도싯에 올 사람이 아니지.

106. 밤. 환자의 방. 내부

카라바죠 : 매독스가 자살한 걸 몰랐소?

환 자 : 몰랐소.

카라바죠 : 클리프톤 부부를 안 죽였소?

환자의 숨이 거칠어진다.

환 자 : 그녀는… 그녀는… 그녀는 죽었소. 내가 어떻게……. 어쩌면 내가 죽인지도 모르지. 내가 죽인 건지도 몰라.

■ read too much into everything
모든 것에 너무 많은 의미를 부여하다.

■ hardly anything at all
아무 것도 아닌 일에.

■ look after
돌보다.

■ suprasternal notch
의학 용어.
전에 알마시가 물어본 것에 대한 대답이다.

■ all this nonsense
이 모든 미친 짓(전쟁을 말함).

In case you're still wondering.
혹시 아직도 궁금해할까봐 하는 말인데.
  • just in case
  혹시 ~하는 경우에.
  • 다음에 절이 오는 경우도 있지만 단독으로 쓰이는 경우도 있다.
  ex) I guess we've already talked about this but I'll ask you again just in case.
  이미 이 문제에 대해 이야기한 것 같지만 혹시 몰라서 다시 물어 볼게.

In case you're still wondering.

혹시 아직도 궁금해할까봐 하는 말인데.

107. EXT. BASE CAMP AT THE CAVE OF SWIMMERS. DAY
Almasy watches as the plane drops towards him, shielding his eyes against the sun. The plane bounces along the runway, not quite landing. Almasy continues packing the equipment. Engine roaring.

ALMASY   : I was packing up our base camp... at the Cave of Swimmers. Clifton had offered to fly down from Cairo to collect me. He flew like a madman always, so I... I took no notice.

Almasy looks up to see the plane swerve, now suddenly heading straight towards him. He dives at the ground. the plane smashes against an invisible ridge and turns over and over, the wings snapping off like twigs. He gets to his feet and starts to run towards the wreckage.

ALMASY   : Aaah!

A blue line of smoke is uncoiling from the plane, but no fire. Almasy pulls away the debris to find Geoffrey—slumped, neck broken, bloody. He tries to move him, and in the process reveals, to his absolute horror, Katharine, staring grimly ahead, unable to move.

ALMASY   : Katharine? Dear God, Katharine, what are you doing here?

KATHARINE   : I can't get out. I can't move.

Almasy starts to pull at the wreck around her.

KATHARINE   : "Surprise," he said. Poor Geoffrey. He knew. He must've known all the time. He was shouting, "I love you, Katharine. I love you so much." Is he badly hurt?

107. 낮. 헤엄치는 사람들이 있는 동굴의 베이스 캠프. 외부
알마시가 햇볕을 가리면서 자기 쪽으로 내려오는 비행기를 바라본다. 비행기는 착륙한다기보다 활주로에서 튄다. 알마시는 계속 짐을 싼다. 엔진 소리.

알마시 : 벽화가 있는 동굴에서 철수 준비를 하고 있었소. 클리프톤이 카이로에서 날 태우러 오기로 했는데 워낙 험하게 비행을 하는 친구라 전혀 눈치를 채지 못했소.

알마시는 비행기가 선회하여 갑자기 자기 쪽으로 돌진해오는 것을 본다. 그는 땅으로 다이빙한다. 비행기는 보이지 않는 언덕에 충돌을 하고 몇 번씩 구르면서 날개가 나뭇가지처럼 부러진다. 알마시가 일어나 추락지점을 향해 달려간다.

알마시 : 아!

비행기에서 푸른 연기가 솟아오르지만 불은 나지 않았다. 잔해를 걷어내고 목이 부러진 채 피투성이로 축 늘어진 제프리를 발견한다. 그를 끌어내려 하다가 놀랍게도 전혀 움직이지 못해 앞만 바라보고 있는 캐서린을 발견한다.

알마시 : 캐서린? 맙소사! 캐서린, 여긴 왜 왔소?
캐서린 : 나갈 수가 없어요. 꼼짝 못하겠어요.

알마시가 그녀의 주위에서 잔해를 치운다.

캐서린 : 그이가 "놀래주자."고 했어요. 가엾은 제프리. 오래 전부터 다 알고 있었어요. 날 너무 사랑한다고 외치더군요. "사랑해, 캐서린. 너무나 사랑해." 그이 많이 다쳤나요?

■ pack up
짐을 싸다.

■ offer
제안하다.

■ to collect me
나를 데리러.

■ swerve
원래의 길에서 벗어나다.

■ uncoiling
코일처럼 감겼던 것이 풀어지는 것을 의미함. 연기가 피어오르는 것을 이렇게 표현했다.

■ He must've known.
그가 알았음에 틀림없어.
= He must have known.
• must have + 과거분사 : 과거 사실에 대한 강한 추측을 의미한다.
ex) He must have guessed who broke into his house.
누가 자기 집에 침입했는데, 그가 낌새를 챘음에 틀림없어.

I took no notice.
눈치를 채지 못했지.
• take notice
눈치를 채다.
A: His behavior is so annoying.
그의 행동이 너무 거슬려.
B: Yeah, I tried not to take any notice but I am offended by his behavior.
맞아. 신경을 쓰지 않으려고 했는데 너무 화가 나.

I took no notice.

눈치를 채지 못했지.

ALMASY   : I have to get you out.

KATHARINE   : Please don't move me.

ALMASY   : I have to get you out.

KATHARINE   : It hurts too much.

ALMASY   : I know, darling, I know. I'm sorry. Come on. Now!

108. EXT. THE CAVE OF SWIMMERS. DAY

He has wrapped Katharine in the silk folds of her parachute and emerges from the near the familiar cleft in the rock, struggling with the exertion of the climb as they approach the Cave of Swimmers. Katharine opens her eyes.

KATHARINE   : Why did you hate me?

ALMASY   : What?

KATHARINE   : Don't you know you drove everybody mad?

ALMASY   : Shh. Don't talk.

KATHARINE   : You speak so many bloody languages... and you never

                  want to talk.

They stagger on. He suddenly notices a stain of gold at her neck. It's saffron, leaking from a silver thimble which hangs from a black ribbon.

ALMASY   : You're wearing the thimble.

KATHARINE   : Of course. You idiot. I always wear it. I've always

                  worn it. I've always loved you.

Almasy cries as he walks—huge sobs, no words—convulsed with the pain of it. They approach the cave.

알마시	: 당신을 꺼내야겠소.
캐서린	: 나를 움직이지 말아요.
알마시	: 거기서 나와야 해.
캐서린	: 너무 아파요.
알마시	: 알아, 알고 있어. 미안해. 자, 어서. 지금!

108. 낮. 헤엄치는 사람들의 동굴. 외부

그는 캐서린을 낙하산의 실크 천으로 감싸고 바위의 낯익은 틈에서부터 나와 헤엄치는 사람들의 동굴을 향해 애쓰며 나아간다. 캐서린이 눈을 뜬다.

캐서린	: 왜 날 미워했어요?
알마시	: 뭐?
캐서린	: 당신이 모든 사람을 화나게 한 거 알아요?
알마시	: 말하지 마.
캐서린	: 온갖 나라말을 다 하는 사람이… 말하는 건 되게 싫어해.

비틀거리며 계속 나아간다. 그는 갑자기 그녀의 목에서 금빛을 발견한다. 그것은 검은 리본에 매달려 있는 은빛 골무에서 새어나온 사프란이다.

알마시	: 그 골무를 걸고 있군!
캐서린	: 그럼요. 당신은 바보예요. 이건 언제나 걸고 다녔죠. 언제나 당신을 사랑했어요.

알마시는 걸으면서 운다. 너무 고통스러워 경련을 일으킬 만한 엄청난 흐느낌이다. 그들은 동굴에 다가선다.

■It hurts too much.
너무 아파요.

■drive everybody mad
모든 사람을 미치게 하다.

■stagger on
비틀거리며 계속 나아가다.
on에는 계속의 의미가 있다.

■I've always loved you.
언제나 당신을 사랑했어요.

You idiot.
이 바보야!
• 이 경우 사랑하는 사람에게 애정에 가득 찬 표현으로 하는 말이지만 보통은 상대방을 무시하거나 경멸할 때 사용하는 표현이다. 우리나라 말에도 '돌대가리'라는 표현이 있지만 영어에서도 head라는 단어 앞에 수식어를 넣어 사용한다.
• You dumbhead. 이 바보야.
• You airhead. 이 멍청아.
• You bonehead. 이 돌대가리야.
• 이밖에 fool, moron, imbecile, dork, dumb, jerk 등의 표현이 있다.

You idiot.

이 바보야!

109. INT. THE CAVE OF SWIMMERS. DAY
Inside the cave, he sets her down incredibly gently, makes a bed of blankets and the parachute. He turns on his flashlight.

KATHARINE : It's so cold.

ALMASY : I know. I'm sorry. I'll make a fire.

KATHARINE : Did you get Geoffrey out of the plane?

ALMASY : Yes, I did.

KATHARINE : Good. That's good. Thank you.

ALMASY : Listen to me, Katharine. You've broken your ankle... and I'm going to have to try and bind it. I think you've also broken your wrist... and maybe some ribs, which is why it's hurting you to breathe. I'm going to have to walk to El Taj. Although, given all the traffic in the desert these days, I'm bound to bump into one army or another. And then I'll come back and you'll be fine.

KATHARINE : You promise? I wouldn't want to die here. I don't want to die in the desert. I've always had a rather elaborate funeral in mind. Particular hymns. And I know exactly where I want to be buried. In our garden, where I grew up... with a view of the sea. So promise me you'll come back for me.

ALMASY : I promise... I'll come back for you. I promise... I'll never leave you. You have plenty of water... and, um, food. I'll open them for you.

He pulls out his Herodotus and lays it beside her. Then he puts down the flashlight.

109. 낮. 헤엄치는 사람들의 동굴. 내부

동굴 안에서 그는 그녀를 부드럽게 내려놓고 담요와 낙하산으로 잠자리를 만든다. 플래시를 켠다.

캐서린　： 추워요.

알마시　： 알아, 미안해. 불을 피울 게.

캐서린　： 그이도 꺼냈나요.

알마시　： 꺼냈어.

캐서린　： 다행이에요. 고마워요.

알마시　： 잘들어 캐서린. 발목뼈가 부러져서 고정시켜 줘야 해. 손목뼈도 부러졌고… 갈비뼈도 그래. 그래서 숨쉴 때 아픈 거야. 엘타지까지 걸어가야 해. 요즘엔 사막에 차가 많은 걸 생각해보면 중간에 부대를 반드시 만날 거야. 내가 돌아오면 당신은 무사할거야.

캐서린　： 약속하죠? 여기서 죽고 싶지 않아요. 사막에서 죽긴 싫어요. 난 늘 화려한 장례식을 그려 왔어요. 조곡도 정해놓고. 묻힐 곳도 생각해 뒀어요. 바다가 내다보이는 내가 자라난 정원이죠. 꼭 돌아온나고 약속해요.

알마시　： 약속해. 꼭 돌아올 거야. 돌아올게. 절대로 당신을 버리지 않아. 물과 음식은… 충분할 거야. 미리 열어두고 갈게.

헤로도토스 책을 꺼내서 옆에 놓아준다. 플래시를 내려놓는다.

■make a fire
불을 피우다.

■given
만약 ~라고 가정하면, ~을 볼 때.
다음에 절이 올 수도 있고 명사가 올 수도 있다.

■You promise?
약속해요?
상대방에게 약속을 다짐할 때 사용하는 표현.
= Do you promise?

■have... in mind
~을 마음에 두고 있다.

■hymns
찬송가, 찬가.

I'm bound to bump into one army or another.
어떤 부대라도 반드시 만날 거야.
• be bound to
반드시 ~하게 되어 있다.
ex) We'll have more than one child, and one of them's bound to be a boy.
아이를 한 명 이상 가질 거니까 그 중 한 명은 반드시 아들일 거야.
• bump into
우연히 마주치다.

I'm bound to bump into one army or another.

어떤 부대라도 반드시 만날 거야.

ALMASY : A good read. Don't waste this.

KATHARINE : Will you bury Geoffrey? I know he's dead.

ALMASY : I'm sorry, Katharine.

KATHARINE : I know.

ALMASY : Every night... I cut out my heart. But in the morning it was full again.

KATHARINE : Darling. My darling.

He kisses her hand and lips.

110. EXT. THE DESERT. DUSK
Alamasy's walking. He trudges on, his eyes opening and closing. He's singing to keep awake.

PATIENT : I stopped at noon and at twilight. Three days there on foot, I told her, and three hours back by car. Don't go anywhere. I'll be back. I'll be back.

111. EXT. APPROACHING EL TAJ. DAY
Almasy gets his first sight of the fortress town of Ej Taj. Then he gets up and trudges towards the town. A corporal with a rifle in his hands appears.

SOLDIER : Just walked in from the desert, Sir.

OFFICER : Morning.

The corporal hands a water bottle to Almasy, who is so exhausted, has a hard time drinking water.

OFFICER : Dear golly, where have you come from then?

ALMASY : There's been an accident. I need a doctor... to come with me, and I need to borrow this car. I'll pay, of course. And I need... I need morphine.

OFFICER : May I see your papers, Sir?

알마시	: 읽을 것도. 불은 아껴 써.
캐서린	: 그이를 묻어 줄래요? 죽은 거 알아요.
알마시	: 정말 마음이 아파, 캐서린.
캐서린	: 알아요.
알마시	: 매일 밤… 당신을 잊으려 해도, 아침이 되면 또다시 사랑이 벅차오르더군.
캐서린	: 사랑… 내 사랑.

알마시가 그녀의 입술과 손에 키스한다.

110. 황혼. 사막. 외부

알마시가 걷는다. 눈을 떴다감았다 하면서 터벅터벅 걷는다. 깨어 있기
위해 노래한다.

환 자	: 난 한낮과 해질녘에 잤소. 사흘 동안 걸어가서 3시간 만에 차로 돌아올 것이라고 그녀에게 말했소. 그러니 아무 데도 가지 마라고. 돌아 온다고. 돌아올 거라고…….

111. 낮. 엘타지 근방. 외부

알마시가 엘타지라는 요새 마을을 처음으로 보게 된다. 그리고 일어나서
마을을 향해 걸어간나. 손에 총을 든 병사가 나타난다

군 인	: 방금 사막에서 걸어왔습니다.
장 교	: 어서 오시오.

상병이 지친 그에게 물을 한 잔 건넨다. 물을 받아 마시지만 삼켜지지 않
는다.

장 교	: 맙소사. 어디서 오는 길이오?
알마시	: 사고가 있었소. 같이 가줄 의사가 필요해요. 그리고 이 차도 빌려주시오. 물론 돈은 내겠 소. 모르핀도 필요해요.
장 교	: 증명서를 보여 주시겠소?

■ **a good read**
좋은 읽을 거리.

■ **I cut out my heart.**
내 심장을 파내다.
전에 사막에서 비슷한 말을 한 적이 있다.

■ **trudge on**
터벅터벅 걷다.
on에는 '계속'의 의미가 있다.

■ **I'll be back.**
돌아올 거야.

■ **Morning.**
Good morning.

■ **golly**
감탄사로서 '맙소사, 저런'의 뜻.

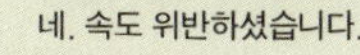

May I see your papers?
서류 좀 볼 수 있을까요?
• 관공서에서나 검문을 받을 때 들을
  수 있는 표현이다.
• 교통 신호를 위반했을 때 경찰관과
  이런 대화가 전개될 수 있다.
A: May I see your driver's license,
   please?
   면허증 좀 볼까요?
B: Why did you stop me? Have I
   done anything wrong?
   왜 세우는 거죠? 뭐가 잘못 됐나요?
A: Yes. You were speeding.
   네. 속도 위반하셨습니다.

May I see your papers?

서류 좀 볼 수 있을까요?

ALMASY	: What?
OFFICER	: If I could just see some form of identification.
ALMASY	: I'm sorry, I'm not making sense. Forgive me, I... I'm not... I've been walking and.... A woman is badly injured at the Gilf Kabir, the Cave of Swimmers. I'm a member of the Royal Geographical Society.
OFFICER	: Right. Now, if I could... just take your name.
ALMASY	: Count Laszlo de Almasy.
OFFICER	: "Almasy." Would you mind spelling that for me?
ALMASY	: Look, listen to me, will you?
OFFICER	: What nationality would that be?
ALMASY	: A woman is dying. My wife is dying. I have been... walking. I have been walking for three days. I do not want to spell my name. I want you to give me this car.
OFFICER	: I understand you're agitated. Perhaps if you'd like to sit down. I can radio back to H.Q.
ALMASY	: No. No, don't. Don't radio anybody! Just give me the fucking car!

Almasy sets on the officer, hauling him by the lapels, but then immediately loses his balance. As he stumbles up he gets the stock of the corporal's rifle across his head, knocking him to the ground.

112. INT. THE CAVE OF SWIMMERS. TORCHLIGHT
Katharine has been writing in the Herodotus. The flashlight flickers. She shakes the flash. It flickers again. Then goes out. absolute blackness. The sound of her trembling breath.

알마시　　　: 뭐요?

장 교　　　: 신분증을 볼 수 있으면 좋겠는데.

알마시　　　: 미안해요. 말이 안 되는 소리겠죠. 사막을 걸어
　　　　　　온 길이라 갖고 있지 않소. 길프 캐비어의 헤
　　　　　　엄치는 사람들의 벽화가 있는 동굴에 여자가
　　　　　　다쳐서 누워있소. 난 영국 지리학회 회원이오.

장 교　　　: 좋아요. 자, 이름만 대시오.

알마시　　　: 라즐로 알마시 백작.

장 교　　　: "알마시"라. 철자 좀 불러 주겠소?

알마시　　　: 내 말 좀 들어봐요.

장 교　　　: 어느 나라 사람이오?

알마시　　　: 여자가 죽어간다 말이오. 내 아내가 죽어가요.
　　　　　　난 3일을… 3일을 걸어왔소. 철자가 중요한
　　　　　　게 아니오. 어서 차를 내줘요.

장 교　　　: 초조해하는 건 알겠소. 좀 앉으시오. 사령부로
　　　　　　무전을 쳐 보겠소.

알마시　　　: 아니, 그럴 때가 아니오. 무전을 칠 게 아니라
　　　　　　고! 어서 빌어먹을 차나 내놔!

알마시는 장교의 옷깃을 잡고 그에게 덤벼들다가 곧 균형을 잃는다. 그가
비틀거리자 병사의 개머리판이 그의 머리를 가격해서 땅에 쓰러뜨린다.

112. 벽화가 있는 동굴. 내부. 플래시 불빛.

캐서린이 헤로도토스 책에다 글을 쓰고 있다. 플래시가 깜박거린다. 그녀
가 그것을 흔들어본다. 다시 깜박거린다. 그러다가 나가버린다. 완벽한
어둠. 떨리는 그녀의 숨소리.

■ identification
신분증.

■ just take *one's* name
이름만 적다.

■ Would you mind spelling that for
me?
철자를 불러주시겠어요?
• 상대방에 정중하게 부탁할 때 사용하
는 표현
Could I ask you to...?
Do you mind...?
I'd be very grateful if you could....

■ what nationality
어느 나라 국적.

■ you're agitated
당신은 흥분했어요.

■ radio
무전을 치다.

I'm sorry, I'm not making sense.
죄송해요. 제가 말이 안 되는 소리를 하죠.
• making sense
말이 되는 소리를 하다.
ex) It all makes sense now. I under-
stand why he committed terrible
crimes.
이제 모든 게 말이 되는군. 그가
왜 끔찍한 범죄를 저질렀는지 이
해가 돼.

I'm sorry, I'm not making sense.

죄송해요. 제가 말이 안 되는 소리를 하죠.

113. EXT. EL TAJ STREET. DAY
Almasy is in the back of the jeep. He's desperate. The corporal is driving.

ALMASY   : Stop the car, please. A woman is dying!

CORPORAL   : Listen, Fritz, if I have to listen to another word from you, I'm going to give you a fucking good hiding!

ALMASY   : Fritz? What are you talking about, Fritz?

CORPORAL   : Well, that's your name, isn't it? Count Fuckin' Asshole Von Bismarck! What's that supposed to be, Irish?

ALMASY   : Please! You have to listen! Katharine! Katharine!

114. INT. THE TRAIN. THE DESERT. DUSK
Almasy is handcuffed to the metal grille of the goods compartment.

ALMASY   : Excuse me. I also need to use the lavatory.

SOLDIER   : You'll have to wait.

ALMASY   : It's urgent.

SOLDIER   : Sarge! Sarge, Jerry wants to use the lav. Says it's urgent.

ALMASY   : Where are we going, please?

SOLDIER   : Oh, up north to the coast. Benghazi. Soon be there. You can get your boat back home then.

SERGEANT   : All right, go on then. Here, you take him. I've been up and down this bloody train all day.

113. 낮. 엘타지 거리. 외부

알마시가 지프차의 뒷좌석에 타고 있다. 그는 결사적이다. 상병이 차를 몰고 있다.

알마시 : 제발 세워요. 여자가 죽어 가요!

상 병 : 잘 들어 독일놈아, 한마디만 지껄이면 가만두지 않겠어!

알마시 : 독일놈이라니? 독일놈이라니 무슨 소리요?

상 병 : 그게 네놈 이름 아냐? 빌어먹을 비스마르크 백작 나리! 독일놈이 아니면 뭐야? 아일랜드 놈이야?

알마시 : 제발! 내 말을 들어요! 캐서린! 캐서린!

114. 황혼. 사막. 기차. 내부

알마시가 화물칸의 철제 창살에 수갑으로 묶여 있다.

알마시 : 이봐요. 화장실에 가고 싶소.

군 인 : 기다려.

알마시 : 급해요!

군 인 : 상사님! 상사님? 독일놈이 화장실에 가고 싶대요. 급하대요.

알마시 : 우리가 도대체 어디로 가는 거요?

군 인 : 북부 해안의 벵가지. 곧 도착할 거야. 거기서 배를 타고 집으로 갈 수 있을 거야.

상 사 : 좋아, 보내줘. 네가 데려가. 난 이 빌어먹을 기차를 종일 오르락내리락 했어.

■Fritz
(경멸적으로) 독일 사람, 독일군.

■hiding
채찍으로 때리기.
hide는 가죽이라는 뜻이며 동사로는 '채찍으로 때리다'는 뜻.

■von Bismarck
독일의 수상이었던 Otto von Bismarck의 이름을 빌어서 '경멸적인 독일인'이라는 것을 말함.

■goods compartment
화물칸.
goods는 원래 복수명사형으로 '물건'이라는 의미.

■lavatory
화장실. 줄여서 lav라고 한다.

■I've been up and down this bloody train all day.
하루 종일 기차를 오르락내리락했어.

What are you talking about?
도대체 무슨 소리야?
• 상대방이 믿기 힘든 이야기를 할 경우 반문할 때 사용하는 표현이다.
Are you serious? (정말이야?)
You must be joking. (농담이겠지.)
No kidding. (농담하지 마.)
A: He's not coming back. He has changed his mind.
돌아오지 않는군. 마음이 변했어.
B: What are you talking about? It can't be possible!
무슨 소리야. 말도 안 돼.

What are you talking about?

도대체 무슨 소리야?

115. INT. THE TRAIN CORRIDOR. THE DESERT. DAY
The soldier pushes Almasy along the corridor. They arrive outside the lavatory. The soldier is distracted for a split second.

ALMASY : It doesn't open.

Enough for Almasy to elbow him savagely in the stomach, then kicks him repeatedly in the head. He wraps his cuffs around the soldier's neck and strangles him. He finds the key to the handcuffs, unlocks them. Almasy is jumping from the running train.

116. INT. THE PATIENT'S ROOM. NIGHT
The patient is exhausted. He has said aloud what has tortured him. His failure to save Katharine. He looks at Caravaggio.

PATIENT : So yes, she died because of me. Because I loved her. Because I... because I had the wrong name.

CARAVAGGIO : And you never got back to the cave?

PATIENT : I did get back. I kept my promise.

115. 낮. 사막. 화장실 복도. 내부
군인이 알마시를 복도를 따라 끌고 간다. 화장실 밖에 도착한다. 군인이
잠시 한눈을 판다.

알마시　　　: 안 열려요.

이 틈을 타서 알마시가 그의 배를 세게 가격하고 머리를 거듭해서 발로
찬다. 그는 수갑으로 군인의 목을 감아 조른다. 수갑의 열쇠를 찾아 수갑
을 푼다. 달리는 기차에서 뛰어내린다.

116. 밤. 환자의 방. 내부
환자는 녹초가 되었다. 자신을 괴롭히던 문제를 소리내어 말한 것이다.
캐서린을 구하지 못한 사실. 그는 카라바조를 바라본다.

환 자　　　: 그렇소, 그녀는 나 때문에 죽었소. 내가 사랑
　　　　　　했기 때문에. 그리고… 내가 가진 잘못된 이
　　　　　　름 때문에.
카라바조　: 결국 동굴로 못 돌아갔소?
환 자　　　: 돌아갔소. 약속을 지켰지.

■It doesn't open.
문이 안 열려요.

■I kept my promise.
나는 약속을 지켰어.
• keep one's promise
약속을 지키다.

감독
앤터니 밍겔라

〈잉글리시 페이션트〉를 감독한 앤터니 밍겔라는 1954년 1월 6일 영국의 와이트 섬에서 출생했다. 부모는 주로 유람선에 공급되는 고급 이탈리아 아이스크림 공장을 운영하여 명성을 얻었다. 그는 고등학교 때 연기를 시작했으며 헐 대학(University of Hull) 시절에 아내인 안무가 캐롤라인 초아(Caroline Choa)를 만났다. 그녀는 나중에 〈잉글리시 페이션트〉의 안무를 담당하기도 했다. 헐 대학을 졸업하고 교수로 재직하면서 음악과 희곡을 쓰던 그는 1984년에 '가장 유망한 극작가'로 런던 연극 비평가상을 수상했다. BBC 텔레비전 시리즈의 각본을 쓰면서 명성을 얻은 그는 1996년에 〈잉글리시 페이션트〉로 최우수 감독상을 수상했다. 그가 감독한 영화 중에서 우리 나라 관객에게 많이 알려진 작품으로는 〈리플리〉, 〈잉글리시 페이션트〉, 〈콜드 마운틴〉이 있다. 현재 영국 영화연구원(BFI)의 원장으로 재직중이다.

| Chapter 12 | Carry Me Out into the Palace of Wind

바람의 궁전으로 데려다 주세요

바람의 궁전으로 데려다 주세요

Carry Me Out into the Palace of Wind

시간 02:22:12 ~ 02:38:49

117. EXT. THE GERMAN'S BASE. DAY

ALMASY : I was assisted by the Germans. There was a... a trade. I had our expedition maps. And after the British made me their enemy, I gave their enemy our maps.

118. EXT. (NEAR) THE BASE CAMP AT THE CAVE OF SWIMMERS. 1942. DAY
The familiar cleft in the rocks. A plane is coming in to land.

PATIENT : So I got back to the desert... and to Katharine... in Madox's English plane... with German gasoline.

117. 낮. 독일군 기지. 외부

알마시　　: 나는 독일군의 도움을 받았소. 거래를 했지.
　　　　　 나는 우리의 탐사용 지도를 갖고 있었지. 영
　　　　　 국이 날 적으로 취급하자, 나는 우리의 지도
　　　　　 를 그들의 적에게 넘겼소.

118. 1942년. 낮. 벽화가 있는 동굴의 기지. 외부
낯익은 바위 틈. 비행기가 착륙한다.

환　자　　: 그렇게 해서 사막으로… 캐서린에게 돌아갔
　　　　　 소. 매독스의 영국 비행기에 독일 기름을 넣
　　　　　 고서.

■a trade
　거래, 장사.

■expedition map
　탐사용 지도.

■familiar
　낯익은, 친숙한.

■land
　착륙하다.

119. INT. THE PATIENT'S ROOM. DAY

PATIENT : When I arrived in Italy, on my medical chart they wrote, "English Patient." Isn't that funny? After all that, I became English.

CARAVAGGIO : You get to the morning and the poison leaks away, doesn't it? Black nights. I thought I would kill you.

PATIENT : You can't kill me. I died years ago.

CARAVAGGIO : No, I can't kill you now.

120. EXT. THE MONASTERY. APPROACHING DAWN
Kip has pulled out all of Hardy's gear. Now he starts on the tent. Hana comes out into the step. Kip turns, his eyes brimming, sees her, sighs, then turns back and kicks at the pegs, collapsing the tent.

KIP : We've been posted. North of Florence. I was thinking yesterday... yesterday.... The patient and Hardy. They're everything that's good about England. I couldn't even say what that was. We didn't exchange two personal words, and we've been together through some terrible things. Some terrible things. He was engaged to a girl in the village. I mean.... (looks at Hana) And us, he never once.... He didn't ask me if I could spin the ball at cricket or Kamasutra or.... I don't even know what I'm talking about.

HANA : You loved him.

119. 낮. 환자의 방. 내부

환 자 : 이탈리아로 이송되었을 때, 내 의료 기록엔 '영국인 환자' 라고 적혀 있었소. 웃기지 않소? 그런 일을 겪고 나서 영국인이 된 거요.

카라바조 : 아침이 오면 독기가 사라지죠. 어두운 밤은… 당신을 죽이려고 했었소.

환 자 : 당신은 나를 죽이지 못해요. 수 년 전에 죽었으니까.

카라바조 : 그래요. 지금은 당신을 죽일 수가 없소.

120. 새벽 즈음. 수도원. 외부

킵은 하디의 장비를 모두 꺼내놓았다. 이제 텐트를 정리한다. 한나가 계단에 올라선다. 킵은 몸을 돌려 눈물이 글썽한 채 그녀를 보고 다시 몸을 돌려 고리를 발로 차서 텐트를 접는다.

킵 : 피렌체 북부에 전출 명령을 받았소. 어제 생각해 봤는데… 어제… 그 환자와 하디는… 영국에 대한 좋은 기억으로 남을 거요. 이유는 나도 모르겠소. 이런 개인적인 얘기는 한 번도 나누지 않은 채, 그 무시무시한 일을 늘 함께 했소. 그 무시무시한 일을. 그는 마을에 있는 처녀와 약혼을 했었소. 내 말은… (한나를 바라보며) 그는 한번도 날 친구처럼… 크리켓을 할 수 있는지, 혹은 카마수트라에 대해 묻지 않았소. 내가 무슨 소릴 지껄이는 거지?

한 나 : 그를 많이 좋아했군요.

■ **after all that**
그 모든 일을 겪은 후.

■ **We've been posted.**
전출 명령을 받았어요.
 • post
  배속시키다, 전출시키다.

■ **Everything that's good about England.**
영국에 대해 좋은 모든 것.
cf) There's something about Mary.
  메리에게는 뭔가가 있다.

■ **have been through**
~을 겪다.

■ **spin the ball at cricket**
크리켓 경기에서 공을 굴리다.

■ **I don't even know what I'm talking about.**
내가 무슨 소릴 하는지 모르겠군.

Isn't that funny?
우습지 않아요?
 • 상대방의 동의를 구하는 수사학적 의문문이다. It's funny라는 말을 강조할 때 쓰는 표현이며 다음에는 우스운 것에 대한 이유가 나온다.
 Isn't that funny? I've helped him all these years, and he betrayed me at the end.
 우습지 않아요? 내가 그를 그렇게 오랫동안 도와줬는데 나를 배신하다니.
ex) Isn't that awful?
  Isn't it hot today?

Isn't that funny?

우습지 않아요?

121. INT. CAVE OF SWIMMERS.
A flashlight flickers in the cave. Almasy apppears.
Katharine's corpse lies where he left her—a ghost on a bed of silk and blankets. The chill of the cave has preserved her. She could be asleep.

ALMASY   : Katharine.

122. INT. THE PATIENT'S ROOM. MORNING
Hana sits with the English patient—the room shuttered against the morning light. His breathing is noticeably worsening, a shudder of a breath, the shallow rise and fall of his chest perceptible. Hana is feeling for his breath.

PATIENT   : I'm still here.

HANA   : You'd better be.

PATIENT   : Don't depend on it, will you? That little bit of air in my lungs, each day it gets less and less. Which is all right. It's quite all right.

She squeezes his hand, suddenly overwhelmed.

PATIENT   : I've been speaking to Caravaggio, my research assistant. He tells me there's a ghost in the cloisters. I can join him.

Horn honking. There's some kind of noise from the garden. Muffled shouts.

KIP   : Hana!

PATIENT   : It's the boy.

121. 벽화가 있는 동굴. 내부
동굴에 플래시 불빛. 알마시가 등장한다.
캐서린의 시체는 원래 자리에 누워 있다. 실크와 담요의 잠자리에 누운 영혼으로, 동굴의 냉기가 그녀를 보존했다. 그녀가 잠들어 있을 수도 있다.

알마시　　: 캐서린?

122. 아침. 환자의 방. 내부
한나는 영국인 환자 옆에 앉아 있다. 그는 아침 햇빛이 완전히 차단된 방에 있다. 그의 호흡이 눈에 띄게 나빠지고, 가슴이 약하게 오르내리면서 호흡이 떨리는 것이 식별된다. 한나는 그의 숨결을 체크한다.

환　자　: 아직 살아있소.
한　나　: 그래야죠.
환　자　: 너무 믿지 말아요. 숨이 너무 약하거든. 매일 조금씩 약해지고 있소. 난 아무렇지 않소. 정말 괜찮아요.

한나가 감정이 복받쳐서 그의 손을 움켜쥔다.

환　자　: 내 조사원 카라바조와 얘기했는데 수도원에 유령이 있다는군. 나도 거기에 끼어야겠소.

경적 소리. 정원에서 소리가 난다. 분명치 않은 외침.

킵　　　: 한나!
환　자　: 그 친구군.

■**You'd better be.**
그러는 게 좋을걸요.
= You had better be still alive.

■**Don't depend on it.**
너무 의지하지는 마시오, 너무 믿지는 마시오.

■**Which is all right.**
그래도 괜찮아요.
Which는 앞 문장을 받는다.
숨이 약해지는 것.

It's quite all right.
괜찮아요.
대개 '사과'를 받을 때 하는 표현이다.
= That's quite all right.
　Not at all.
　It doesn't matter at all.

It's quite all right.

괜찮아요.

123. EXT. HANA'S VEGETABLE GARDEN. DAY
Kip stops the motorbike. She goes to him, stands, fastens the top button of his coat.

HANA   : I'll always go back to that church. Look at my paintings.

KIP   : I'll always go back to that church.

HANA   : So one day we'll meet.

He nods, winds up the throttle, and is gone.

124. INT. THE PATIENT'S ROOM. DAY
Hana picks up the hypodermic to prepare his injection. She takes a phial. the patient reaches out and pushes two more towards her. their eyes meet, then he shoves another, then all of them. She looks at him. it's a massive, lethal dose. Hana starts to prepare the injection, her eyes filling with tears. The patient nods, smiles, whispers.

PATIENT   : Thank you.

Hana is crying.

PATIENT   : Read to me, will you?

Hana is crying.

PATIENT   : Read me to sleep.

The patient is sleeping away. Hana is reading from the last pages of the Herodotus where Katharine has written in the margins.

HANA   : "My darling, I'm waiting for you. How long is a day in the dark? Or a week?" "The fire is gone now... and I'm horr... horribly cold."

123. 낮. 한나의 야채 정원. 외부

킵이 모터사이클을 멈춘다. 그녀는 그에게 가서 코트의 윗단추를 채워준다.

한 나 : 그 성당에 자주 갈 거예요. 그림을 보러요.

킵 : 나도 자주 갈 거요.

한 나 : 그럼 언젠간 만나겠군요.

고개를 끄덕이고 속도를 높여서 떠나간다.

124. 낮. 환자의 방. 내부

한나가 주사를 놓기 위해 주사기를 든다. 모르핀을 든다. 환자는 손을 뻗어 두 개를 더 그녀에게 밀어놓는다. 눈길이 마주치자 또 하나를, 그리고 전부를 그녀에게 밀어놓는다. 그녀는 그를 바라본다. 치명적인 주사량이다. 한나는 눈물을 글썽거리며 주사를 준비한다. 환자는 고개를 끄덕이며 미소를 짓고 속삭인다.

환 자 : 고맙소.

한나가 눈물을 흘린다.

환 자 : 책을 읽어 주겠소?

한나가 운다.

환 자 : 잠이 들도록.

환자는 잠이 든다. 한나는 캐서린이 여백에 적어놓은 헤로도토스 책을 읽는다.

한 나 : "내 사랑, 당신을 기다리고 있어요. 어둠 속에서는 하루가 얼마나 긴지? 혹은 일주일은? 이제 불도 꺼지고, 너무나 추워요."

■ **hypodermic**
피하 주사(기).
hypo는 '밑에'라는 뜻이며 derm은 '피부'라는 뜻이다.

■ **phial**
유리로 된 주사약 병.

■ **lethal dose**
치사량.

■ **I'm horribly cold.**
너무 추워요.

Read me to sleep.
잠자게 책 좀 읽어주세요.
to는 결과를 나타낸다.
ex) He was walking with his baby to sleep.
그는 아기를 안고 서성거리며 잠을 재웠다.

Read me to sleep.

잠자게 책 좀 읽어주세요.

125. INT. CAVE OF SWIMMERS. FLASHLIGHT
Katharine is writing. The flashlight is faint. She shivers.

KATHARINE : I really ought to drag myself outside, but then there'd be the sun.

She passes the flashlight across the wall, the painted figures dancing in the pale light.

KATHARINE : I'm afraid I waste the light... on the paintings and on writing these words. We die.

126. INT. THE PATIENT'S ROOM. DAY
She picks it up, goes to the page of Katharine's letter, continues to read.

HANA : "We die. We die rich with lovers and tribes, tastes we have swallowed, bodies we have entered... and swum up like rivers."

KATHARINE : Fears we've hidden in, like this wretched cave.

127. INT. CAVE OF SWIMMERS. TORCHLIGHT
Almasy smudges Katharine's pale face with color. ochre across her brow, on her eyelids, on her lips. He presses his cheek to hers, smoothes her hair.

KATHARINE : I want all this marked on my body. We're the real countries. Not the boundaries drawn on maps, the names of powerful men.

125. 벽화가 있는 동굴. 내부. 플래시 불빛
캐서린이 글을 쓰고 있다. 플래시 불빛이 희미하다. 그녀는 떨고 있다.

캐서린　：밖에 나갈 수만 있다면, 해가 있을 텐데.

플래시를 벽에 비추자 벽에 그려진 인물들이 희미한 빛에 춤을 준다.

캐서린　：그림을 보고 이 글을 쓰느라 전등을 너무 허비
　　　　했나 봐요. 우린 죽어요.

126. 낮. 환자의 방. 내부
한나는 책을 들고 캐서린이 써 놓은 편지를 계속해서 읽는다.

한 나　："우린 죽어가요. 많은 연인들과 사람들과, 우
　　　　리가 맛본 쾌락들과, 우리가 들어가 강물처럼
　　　　유영했던 육체들과 함께."
캐서린　：이 무서운 동굴처럼 우리가 숨었던 두려움과.

127. 벽화가 있는 동굴. 내부. 플래시 불빛
알마시가 캐서린의 창백한 얼굴에 칠을 한다. 이마와 눈썹, 입술에 황갈
색으로 칠하고, 뺨을 그녀의 뺨에다 대고 머리를 쓰다듬는다.

캐서린　：이 모든 자취가 내 몸에 남았으면 좋겠어요.
　　　　우리가 진정한 국가예요. 지도에 그려진 경계
　　　　나, 강한 자들의 이름이 아니라.

■drag myself outside
나 자신의 몸을 끌어서 밖으로 나가다.

■smudge
더럽히다, 얼룩을 내다, 문지르다.

■ochre
황갈색으로 칠하다.

■I want all this marked on my body.
이 모든 것을 내 몸에 표시해 주세요.

I'm afraid I waste the light on the paintings.
그림을 보느라 전등을 낭비하는 것 같
아요.
• I'm afraid 다음에 명사절이 나와 '~할
까봐 겁이 나요'라는 뜻이 된다. 조심
스럽게 자신의 의견을 개진할 때에
도 앞에 I'm afraid를 붙인다.
ex) I'm afraid you are wrong on that
point.
그 점은 당신이 틀린 것 같군요.
I'm afraid I don't know anything
about gardening.
죄송하지만 정원 가꾸기에 대해 전
혀 몰라요.
• waste the light on the paintings
그림을 보느라 전등을 낭비하다.
대개 on 다음에는 낭비하는 대상이
온다.
ex) Don't waste your money on
trifles.
하찮은 것에 돈을 낭비하지 마라.

I'm afraid I waste the light on the paintings.
그림을 보느라 전등을 낭비하는 것 같아요.

128. EXT. CAVE OF SWIMMERS. DAY
Almasy comes out of the cave, carrying the bundle of Katharine in his arms, wrapped in the silks of her parachute.

KATHARINE   : I know you'll come and carry me out into the palace of winds. That's all I've wanted, to walk in such a place with you, with friends. An earth without maps.

129. INT. THE PATIENT'S ROOM. DAY

HANA   : "The lamp's gone out, and I'm writing... in the darkness."

The patient died in peace.

130. INT. THE MONASTERY LIBRARY. DAY
The bed is empty, the mattress stripped. Hana stands in the doorway, then sees "The Herodotus" on the bedside table. She picks it up.

CARAVAGGIO : Hana! Hana, Come on!

131. EXT. THE LANE OUTSIDE MONASTERY GARDEN. DAY
Caravaggio is at the gate to the Monastery. The truck is waiting with him. The partisan with his head bandana and shotgun remains the same, but now there are children in the back and a woman sits behind the man, nursing a two-year-old.

CARAVAGGIO : Hana, this is Gioia.

HANA   : Buon giorno.

GIOIA   : Buon giorno.

Then Hana meets the others—Gioia's brother and wife, their children. She smiles at them.

128. 낮. 벽화가 있는 동굴. 외부
알마시가 낙하산의 실크 천으로 싼 캐서린을 안고 동굴 밖으로 나온다.

캐서린 : 당신은 날 바람의 궁전으로 데리고 나가겠죠. 그게 내가 바라는 전부예요. 그런 곳을 당신과 함께 걷는 것. 친구들과 함께, 지도가 없는 땅을.

129. 낮. 환자의 방. 내부

한 나 : "전등도 꺼지고, 어둠 속에서 글을 쓰고 있어요."

환자는 평화롭게 숨을 거두었다.

130. 낮. 수도원 도서관. 내부
매트리스도 없어지고 침대가 비었다. 한나는 문간에 서서 침대 옆 테이블에 있는 환자의 책을 본다. 그 책을 집어든다.

카라바조 : 한나! 한나! 어서 나와요!

131. 낮. 수도원 정원 밖의 길. 외부
카라바조가 수도원의 문에 서 있다. 트럭이 그를 기다리고 있다. 머리에 두건을 하고 총을 든 빨치산은 여전하지만 이제는 뒤에 아이들이 타고 2살짜리 아기를 안은 여자가 그의 뒤에 앉아 있다.

카라바조 : 한나, 인사해요. 지오지아예요.
한 나 : 안녕하세요.
지오지아 : 안녕하세요.

그리고 한나는 다른 사람들, 지오지아의 형과 아내, 아이들과 인사한다. 그들에게 미소를 짓는다.

■ **bandana**
머리에 쓰는 수건.

■ **nurse**
아이를 돌보다.

■ **Buon giorno.**
이탈리아의 인사.

That's all I've wanted.
내가 원한 건 그것뿐이에요.
A: What do you want?
원하는 게 뭐예요?
B: I want you to remember me wherever you may go. That's all I want.
어딜 가시든지 저를 기억해 주세요.
원하는 건 그뿐이에요.

That's all I've wanted.

내가 원한 건 그것뿐이에요.

CARAVAGGIO : She'll take you as far as Florence.

HANA : I can get in back.

And she clambers up, sits down between the children. Engine revving.
Hana takes one final look at the Monastery as it disappears around the bend and then turns and confronts the life insisting noisily in the truck.
They exchange some small stiff, shy smiles, and then the truck bounces away.

132. THE SAHARA DESERT. LATE 1942. DAY
Silence. the desert seen from the air. An ocean of dunes for mile after mile. The late sun turns the sand every color from crimson to black.
An old aeroplane is flying over the Sahara. Its shadow swims over the contours of sand. inside the aeroplane are two figures. One, a woman, seems to be asleep. Her pale head rests against the side of the cockpit. The pilot, a man, wears goggles and a leather helmet. They are Katharine and Almasy.

While a number of the characters who appear in this film are based on historical figures, and while many of the areas described—such as the Cave of Swimmers and its surrounding desert—exist, and were explored in the 1930's, it is important to stress that this story is a fiction and that the portraits of the characters who appear in it are fictional, as are some of the events and journeys.

카라바조 : 지오지아가 당신을 플로렌스까지 데려다 줄
거예요.

한 나 : 뒤에 탈게요.

한나가 트럭에 올라타 아이들 사이에 앉는다. 엔진 소리.
그녀는 트럭이 모퉁이를 돌아갈 때 마지막으로 수도원을 바라보고 트럭
안의 소란스러운 삶과 마주친다.
그들은 겸연쩍은 미소를 교환하고 트럭이 달려간다.

132. 1942년 말. 낮. 사하라 사막.
침묵. 하늘에서 본 사막. 끝없이 펼쳐진 모래 언덕. 오후의 태양이 모래의
색깔을 주홍빛에서 검은색까지 다양하게 변화시킨다.
낡은 비행기가 사하라 상공을 날아간다. 비행기의 그림자가 모래의 윤곽
위로 스치고 지나간다. 비행기 안에는 두 사람이 타고 있다. 한 사람인
여자는 잠든 것처럼 보인다. 그녀의 창백한 얼굴이 조종석 옆에 기대어
있다. 조종사인 남자는 보안경과 가죽 헬멧을 쓰고 있다. 그들은 캐서린
과 알마시이다.

이 영화에 등장한 많은 사람들은 실존 인물들에 기초
해 만들어졌고, 벽화가 있는 동굴과 주변의 사막과
같은 지역들은 실제로 존재하며 1930년대에 탐험된
적이 있지만 이 영화의 내용은 허구이며 영화에 등장
하는 인물도 몇몇 사건과 여정들처럼 허구라는 점을
강조하고 싶다.

■clamber up
기어오르다.

■rev
자동차의 시동을 걸다, 속도를 갑자기
내다.

■mile after mile
몇 마일에 걸쳐서, 끝없이.

■contour
윤곽, 굴곡.

영화와 문학

　〈잉글리시 페이션트〉는 마이클 온다체가 쓴 소설을 앤터니 밍겔라 감독이 각색하여 영화로 만든 작품이다. 이처럼 영화는 초기부터 소재 발굴을 위해 문학작품에 눈을 돌려왔으며 오늘날 제작되는 많은 영화들도 소설 혹은 희곡을 원작으로 하고 있다. 그렇다면 왜 영화산업 쪽에서는 원작이 있는 작품을 영화화하는 것일까? 우선은 재정적인 보장성 때문이다. 영화 제작은 비용이 많이 드는 사업이므로 어느 정도의 흥행성이 보장된 작품일수록 영화로 제작될 가능성이 높다. 따라서 영화화되는 많은 원작들은 소설로 이미 인기를 끌었거나, 연극으로 브로드웨이 등지에서 흥행에 성공한 작품일 경우가 많다. 존 그리샴, 스티븐 킹, 마이클 크라이튼 등의 소설과 영국의 18세기, 19세기 소설, 그리고 셰익스피어의 작품은 단골로 영화화되는 작품들이다.

　　영화와 문학은 스토리를 들려준다는 점에서 서사적 매체라는 유사성을 갖지만 문학은 언어를 통해, 영화는 이미지와 사운드를 통해 독자와 관객에게 다가간다는 차이를 갖는다. 또한 극장에서 상영되는 극영화는 대개 2시간 남짓이라는 시간적 제약을 지니고 있으므로 소설 혹은 드라마를 영화로 각색하는 것은 감독의 미학적 취향, 작가적 비전, 철학 등을 반영한다. 영화화된 작품을 원작과 비교함을 통해 각색과정에서 어떤 부분이 삭제되고 어떤 부분이 첨가되었는지를 알 수 있으며, 그러한 변화를 통해 메시지 또한 어떻게 달라졌는지 살펴보는 것도 흥미로운 일이다.

I've always loved you.

I cut out my heart.
But in the morning it was full again.

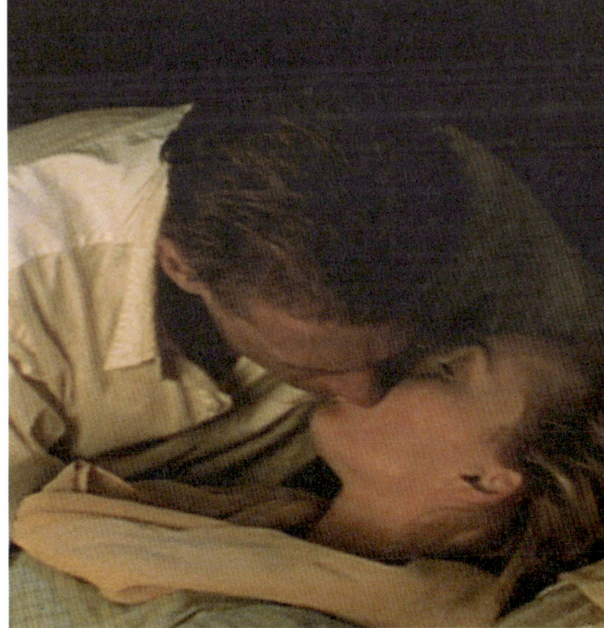

While a number of the characters who appear in this film are based on historical figures, and while many of the areas described—such as the Cave of Swimmers and its surrounding desert—exist, and were explored in the 1930's, it is important to stress that this story is a fiction and that the portraits of the characters who appear in it are fictional, as are some of the events and journeys.

—The End—